나만의 행복과 만족감을 찾아보자

긍정으로 사고하기

저자 | 아다치 히로미 · 기베 치에코 · 스즈키 미키 · 유루리 마코토

루덴스미디어

이로나 보니웰 박사에게서 온 메시지

여러분은 아이들이 어떤 인생을 보내길 바라시나요? '행복했으면 좋겠다', '몸과 마음이 건강했으면 좋겠다', '평화롭게 살았으면 좋겠다'. 이런 생각을 떠올리지 않으셨나요? 부모든 교사든, 어린이들이 행복으로 가득한 인생을 살아가길 항상 바라고 계실 겁니다.

하지만 이러한 소망이, 실제 교육 커리큘럼에 반영되는 일은 거의 없습니다. 이건 굉장히 중요하고 위험한 허점이라고 할 수 있습니다. 유럽과 미국에선 청소년의 우울이 심각한 문제가 되고 있습니다. 특히 유럽에선 10~15%의 아이들이 우울과 불안 장애로 괴로워하고 있으며, 학습과 대인 관계에 악영향을 끼치고 흡연과 음주, 마약, 자살의 경향을 높이는 것으로 알려졌습니다.

선진국에선 정신 질환이 늘어나고 인종·종교 간의 긴장과 대립이 심각해지는 상황에서, 어떻게 하면 행복한 인생을 보내기 위한 기술을 아이들에게 가르칠 수 있을까요? 몸과 마음이 건강하고 평화를 존중하는 시민을 기르기 위해 우리는 무엇을 할 수 있을까요?

그 열쇠는 심리·사회적인 자질이나 스킬의 획득을 촉구하는 '심리·사회 교육(포지티브 교육, 사회성과 정서 학습 프로그램, 평화 교육 등으로도 불린다)'을 학교에 도입하려고 하는, 최근의 시도에 있다고 할 수 있습니다. 심리·사회 교육의 목적은 어린이들이 더욱 좋은 삶의 태도를 배움으로써 다양한 문제가 발생하는 것을 예방하는 것과 동시에, 타인과 공생하기 위한 기술을 몸에 익히고 기르는 데 있습니다.

심리·사회 교육은 아동의 발달 과정과 최신 과학적 지식에 따라 행해지며, 각각의 교육적 지원이나 개입의 결과가 실증적으로 검증되는 것이 특징입니다. 실제로 27만 명의 아동·청소년들에게 실시한 수많은 교육 프로그램의 성과를 검토한 결과, 그들의 사회적·정신적인 스킬과 태도, 행동, 그리고 학업 성적 등 모든 부분이 현저하게 향상했다는 결과가 나타났습니다.

사실 어린이 시기를 건전한 인간관계 속에서 보낸다는 것에는 공부에서 배울 수 없는 엄청난 이점이 있습니다. 교실의 분위기는 교사나 학생의 만족도, 스트레스 정도, 학업 성적을 좌우합니다. 어린이 시기에 행복했던 사람들은 성인이 된 후에도 행복한 경우가 많으며, 결혼, 건강, 장수, 수입, 일의 성과 등 다양한 방면에서 좋은 결과를 얻는 것으로 보고되었습니다.

그러므로 긍정 교육 등 심리·사회 교육은 결코 종래의 학교 커리큘럼에서의 '사치스러운 옵션'이 아니라, 어린이들의 정신을 건강하게 유지하고 균형감 있는 인생을 보낼 수 있게 함으로써 사회에 공헌할 수 있는 인간을 키우기 위한 필수 교육이라고 할 수 있습니다.

이 책은 긍정 교육의 복잡한 개념을 교육 현장에서 활용하기 쉽도록 현실적인 활동을 구체화하였습니다. 또한, 바쁜 교사도 활용하기 쉽도록 단시간에 실천할 수 있는 워크집(集)으로 구성하였습니다. 간결하고 구체적이면서 풍부한 내용을 포함한 이 책은 긍정 교육의 이론과 실천을 잇는 역할을 하고 공헌하며, 어린이들이 자기 자신을 받아들이고, 타인과 더욱 좋은 관계를 유지하여 공생하고 발전할 수 있는 교육의 실천을 위한 귀중한 도움이 되리라 믿습니다.

일반 사단 법인 일본 포지티브 교육 협회 고문
이로나 보니웰

이 책을 보는 여러분에게

이 책을 선택해 줘서 고마워요. 여러분은 지금 어떻게 이 책을 읽게 되었나요? 좀 더 행복해지고 싶어서? 좀 더 자기 자신을 좋아하고 싶어서? 아니면 좀 더 긍정적으로 생각하고 싶어서?

'행복해지고 싶다'고 생각하는 건 굉장히 자연스러운 것이에요. 하지만 아무도 여러분을 대신하여 여러분의 '행복'을 찾아 주진 않아요. 다양한 경험과 생각을 하고 느끼며 여러분 나름의 '행복'을 찾아야만 해요. 그래요, 이것은 마치 '행복'을 찾는 모험 같은 거예요.

물론 때때로 힘들거나 슬플 때도 있을 거예요(모험에 따라오는 것이지요). 그럴 때, 이 책은 분명 여러분에게 도움이 될 거랍니다. 왜냐하면 이 책은 나답게 '행복'한 인생을 보내기 위한 힌트를 적어 놓은 책이니까요. 자, 이 책과 함께 여러분만의 '행복'을 찾는 모험을 떠나 보아요!

이 책은 다음과 같은 차례로 진행되는데, 출발하는 장소는 자유예요! 처음부터 출발해도 되고, 궁금한 페이지부터 출발해도 괜찮아요.

제1장 기분과 친밀해져요
제2장 몸과 마음이 이어져 있다는 것을 이해해요
제3장 자신의 강점을 발견하여 살려 보아요
제4장 도전하는 것을 즐겨 보아요
제5장 멋진 인간관계를 만들어 봐요
제6장 회복력을 키워 보아요
제7장 나만의 행복과 만족감을 찾아봐요

차례

이로나 보니웰 박사에게서 온 메시지 …… 2
이 책을 보는 여러분에게 …… 3

제1장 기분과 친밀해져요

1　'기분'이란 무엇일까요? …… 8
2　다양한 '기분'을 말로 표현해요! …… 10
3　기분은 몸으로 나타나요 …… 12
4　이럴 때 어떤 기분이 될까요? …… 14
5　친구는 이럴 때 어떤 기분이 들까요? …… 16
6　부정적인 감정이 너무 커지면 어떻게 될까요? …… 18
7　부정적인 감정은 성장·성공의 토대 …… 20
8　긍정적인 기분을 좀 더 늘려 봐요 …… 22
9　긍정적인 기분을 곱씹어요 …… 24
칼럼❶ 기분이 받아들여지면 마음이 상쾌해져요 …… 26

제2장 몸과 마음이 이어져 있다는 것을 이해해요

10　수업 중, 손을 들 때 심장이 두근두근. 손에는 땀이! …… 28
11　실전에 약해서 철저히 준비해도 잘 안 돼요 …… 30
12　매일 바빠서 스트레스가 잔뜩! …… 32
13　수업 중에 나도 모르게 졸아요 …… 34
14　밖에서 노는 것보다 집에서 게임을 하고 싶어요 …… 36
15　싫어하는 음식을 먹어야 할 때 어떻게 하나요? …… 38
16　기대했던 행사에 참여할 수 없게 됐어요 …… 40
칼럼❷ 릴랙스를 몸에 익혀 보아요 …… 42

제3장 자신의 강점을 발견하여 살려 보아요

- 17 달리기도 느리고 키도 크지 않아요. 강점이 하나도 없는 것 같아요 …… 44
- 18 부러워요. 친구처럼 되고 싶어요 …… 46
- 19 사소한 일로 "착하구나."라는 말을 들었어요 …… 48
- 20 자기소개. 무슨 얘길 하면 좋을까요? …… 50
- 21 빨간 불. 무시하고 건너갔더니 차가 와 버렸어요! …… 52
- 22 늘 재밌는 일에 초를 치는 아이가 있어서 짜증 나요 …… 54
- 23 친절하게 대해 주고 싶은데 장난치고 말아요 …… 56
- 칼럼❸ 자신의 강점을 모두에게 인정받아 보아요 …… 58

제4장 도전하는 것을 즐겨 보아요

- 24 수학 수업이 재미없어요! …… 60
- 25 어려울 것 같아요! 이런 건 못 해요 …… 62
- 26 친구는 대단해요. 하지만 전 못 해요 …… 64
- 27 지금이 즐거우면 그걸로 된 거죠? …… 66
- 28 꿈이 있어도 어떻게 이루어야 할지 모르겠어요 …… 68
- 29 아무리 해도 의욕이 없어요 …… 70
- 30 열심히 하는데 뭘 해도 잘되지 않아요 …… 72
- 칼럼❹ '즐기는 마음'을 잊지 말아요 …… 74

제5장 멋진 인간관계를 만들어 봐요

- 31 어차피 내 편은 없어요 …… 76
- 32 "고마워."라는 말을 듣고 정말 기뻤어요! …… 78
- 33 친절하게 대해 주면 왠지 저도 친절해지고 싶어요 …… 80
- 34 친구가 굉장히 기쁜 듯 말을 걸었어요 …… 82
- 35 친구와 사고방식, 취향이 너무 달라요 …… 84
- 36 또 술래가 되었어요……. 꼭 참아야 하나요? …… 86
- 37 친구와 싸웠을 때 어떻게 하면 화해할 수 있을까요? …… 88
- 38 절대 용서 못 해요! 복수하고 싶어요! …… 90
- 칼럼❺ '공감'을 통해 가족이나 친구와 더욱 사이좋게 지낼 수 있어요 …… 92

제6장 회복력을 키워 보아요

39 대실패! 이젠 일어날 수 없어요 …… 94
40 어떻게 하면 다시 일어날 수 있을까요? …… 96
41 그 사람을 떠올리면 기운이 나요 …… 98
42 '힘든 일도 좋은 경험이 된다'는 게 진짜인가요? …… 100
43 나쁜 기분이 진정되질 않아요! …… 102
44 짜증이 나서 문을 쾅! 닫았더니 혼났어요! …… 104
45 갑자기 시험이라뇨?! …… 106
46 어차피 못 할 거예요 …… 108
칼럼❻ 베서니의 이야기를 듣고 여러분은 어떤 것을 느꼈나요? 무엇을 생각했나요? …… 110

제7장 나만의 행복과 만족감을 찾아봐요

47 행복은 언제 느끼나요? …… 112
48 행복은 어떻게 느끼나요? …… 114
49 힘들고 괴로운데, 그것도 '행복'인가요? …… 116
50 행복한 기분은 왜 오래가지 않을까요? …… 118
51 행복한 기분이 오래가는 방법이 있을까요? …… 120
칼럼❼ '행복'은 굉장히 신기한 거예요 …… 122

'24가지 강점' 해설 …… 124

해설 …… 126

커버 디자인 모리야 요시아키+무츠키샤
본문 디자인 오쿠다 게이코 (ok design)
일러스트 미야하라 아키코

제1장 기분과 친밀해져요

하루하루를 살다 보면 다양한 기분을 느끼게 되죠.
기쁠 때, 슬플 때, 기분이 나쁠 때, 불안할 때…….
긍정적일 때도 부정적일 때도 있지만,
어떤 기분이든 소중해요. 지금의 기분을 잘 이해하고
기분과 친밀해진다면, 싫은 일도 마주할 수 있고
스스로 기운을 낼 수도 있어요.
제1장에서는 기분에 대해 잘 이해하고
앞으로 사이좋게 지낼 방법을 몸에 익힐 수 있어요.

'기분'이란 무엇일까요?

■ '감정'의 중요성을 이해합니다.

여러분에게 '무섭다!'는 기분이 있어서
위험에서 도망칠 수 있어요.
여러분에게 '기쁘다'는 기분이 있어서
'또 해 보자'라는 마음이 생겨나요.
기분에는 살아가는 데 아주 중요한 역할이 있어요.
슬픈 기분, 무서운 기분, 화난 기분,
즐거운 기분, 기쁜 기분…….
'기분'을 이해하면, 싫은 일도 마주할 수 있고
스스로 기운을 낼 수도 있어요.
자신의 '기분'을 잘 이해하고 '기분'과 사이좋게 지내보아요!

워크 '기분'의 역할

'무서움'을 느껴서 위험에서 도망칠 수 있어요.

'불안'을 느껴서 미리 준비할 수 있어요.

'분노'를 느껴서 소중한 것을 지킬 수 있어요.

'슬픔'을 느껴서 죽은 생물의 소중함을 깨달을 수 있어요.

함께 '즐거움'을 느끼면 친해질 수 있어요.

'기쁨'을 느끼면, 또 해 보자는 마음이 생겨요.

'고마움'을 느끼면 그것을 소중히 할 수 있어요.

'안심'을 느끼면, 몸도 마음도 편안해져요.

어른분들께 부정적인 감정은 없는 게 좋고, 어린이들에겐 가능한 한 긍정적인 감정만 느꼈으면 하시는 분들이 많이 계실 거예요. 하지만 부정적인 감정을 느끼는 것도 굉장히 중요합니다. 어린이의 부정적인 감정을 그저 섣불리 부정하는 것이 아니라 "○○하게 느꼈구나." 하고 확실히 받아들여 주면, 어린이들은 안심하고 다음 행동으로 옮길 수 있습니다.

긍정 트레이닝 2 — 다양한 '기분'을 말로 표현해요!

■ 감정에 이름을 붙입니다.

좋은 일이 있을 땐 '즐거운 기분', '기쁜 기분'이 들지요.
반대로 불쾌한 일을 당하거나 기분 나쁜 말을 들었을 땐
'화난 기분', '슬픈 기분'이 들 거예요.
소중한 것이 부서졌을 때는 '슬픈 기분', '아쉬운 기분'이 듭니다.
이 외에도 '분하다', '부끄럽다', '무섭다', '안타깝다', '상쾌하다',
'안심하다', '자랑스럽다', '고맙다', '좋아하다', '유쾌하다'……
기분이란 건 정말로 많은 종류가 있어요!
'기분'을 나타내는 말을 많이 알아 두면,
자신의 기분을 말로 잘 표현할 수 있게 될 거예요!

제1장 기분과 친밀해져요

워크 '기분'을 표현하는 말 탐정

좋은 기분을 나타내는 말(긍정의 감정),
나쁜 기분을 나타내는 말(부정의 감정)…….
각각의 말을 잔뜩 모아 봐요! 자신이 생각해 낸
말뿐 아니라 가족이나 이웃 사람, 친구에게
물어보거나 사전에서 찾으며 모아 보세요.

> 친구와 '기분을 표현하는 말 시합'을
> 해 보아요! 두 개의 팀으로 나눠서,
> 순서대로 '기분을 표현하는 말'을 하나씩
> 말해 보세요. 같은 말을 말하면 땡!
> 더 많은 말을 말한 팀이 이기는 거예요!

좋은 기분 (긍정의 감정)	나쁜 기분 (부정의 감정)
(예) 기쁘다	(예) 슬프다

어른 분들께 자신의 감정에 이름을 붙이는 것을 '감정 라벨링'이라고 합니다. 감정 라벨링을 함으로써 감정을 말로 표현하거나, 상대방의 감정을 이해할 수 있게 되지요. 감정에는 다양한 종류가 있고, 그것을 표현하는 다양한 말이 있다는 것을 아는 것이 자신과 타인을 이해하게 해 주며 커뮤니케이션 능력의 토대가 됩니다.

3 ···기분은 몸으로 나타나요

■ 감정과 신체의 관련성을 이해합니다.

유진이는 진석이가 "꼬맹이래요~. 꼬맹이~."라고 놀리자
순식간에 눈썹이 치켜 올라가고, 얼굴이 빨개지고,
주먹을 꽉 쥐고 어깨가 올라갔어요.
유진이는 '꼬맹이'라는 말을 듣고 엄청나게 화가 난 것 같아요.
화가 날 때 여러분은 어떤 표정을 하나요?
몸은 어떤가요? 가슴 주변은 어떤 느낌인가요?
슬플 때는요? 기쁠 때는요?
'기분'은 몸으로 나타나는 거예요.
그러니까 몸에 나타난 사인(신호)으로 다른 사람의 기분을
알아차릴 수 있답니다.

제 1 장 　 기분과 친밀해져요

워크 　 거울아, 거울아

친구와 2인 1조가 되어 한 명은 자신 역할, 다른 한 명은 거울 역할을 맡아 보세요.
자신 역할은 아래 '기분 리스트'의 '기분'을 몸으로만 표현해 주세요.
거울 역할은 그것을 따라 하고, 자신 역할을 맡은 친구의 기분을 맞춰 보세요.

기분 리스트

- 분하다
- 깜짝 놀라다
- 기쁘다
- 두근두근
- 화나다
- 슬프다
- 무섭다

화난 얼굴과 몸을 따라 해 보면 정말로 화난 기분이 되기도 하고, 기쁜 얼굴이나 몸을 따라 해 보면 정말로 기쁜 기분이 되기도 해요. 그것이 바로 기분과 몸이 이어져 있다는 증거예요. 신기하지요?

본인 역: "화난 기분을 몸으로 표현하면……"

거울 역: "'화난' 기분이구나"

어른분들께　감정의 변화와 신체, 표정의 변화는 동시에 일어납니다. 자신의 감정을 바로 말로 설명할 수 없어도 '가슴이 답답하다' 등, 몸의 변화를 말로 표현할 수는 있습니다. 거기서부터 자신의 감정을 이해하고 표현할 수도 있습니다. 점차 자신의 감정이나 몸의 변화에 대한 이해가 깊어지면, 타인의 감정에 대한 이해도 깊어집니다. 이렇게 차근차근 자신과 타인을 이해하는 힘을 길러 나갑니다.

…이럴 때 어떤 기분이 될까요?

■ 감정을 이해하고 자기를 표현합니다.

다른 애들은 다 하는 거꾸로 오르기를 나만 못 해서,
왠지 울적한 기분으로 집에 갔더니 엄마께서
"왜 그러니? 표정이 안 좋네. 학교에서 무슨 일 있었어?"
라고 물어보셨어요.
"그게요, 저만 철봉 거꾸로 오르기를 못 해서 슬펐어요. 분해요."
라고 대답했어요. 그래도 엄마께서 물어봐 주셔서 기분이 조금 풀렸어요.
어떤 부정적인 기분이 들었을 때,
그것을 말로 하면 마음이 조금 가벼워질 때가 있지요.
어떤 긍정적인 기분이 들었을 때,
그것을 말로 하면 그 기분이 더욱 커질 때도 있어요.

제 1 장   기분과 친밀해져요

이런 기분이 들 때는 언제인가요?

1 여러분이 긍정적인 기분이 들 때는 언제인가요?

긍정적인 기분	언제?
기쁘다	
행복하다	
즐겁다	
의욕이 넘친다	
만족스럽다	

2 여러분이 부정적인 기분이 들 때는 언제인가요?

부정적인 기분	언제?
슬프다	
울적하다	
짜증 난다	
화난다	
불안하다	

 언제 어떤 기분이 되는지는 사람마다 모두 다릅니다. 자신이 언제 어떤 기분이 드는지 아는 것은 자기 이해로 이어집니다. '틀린 답'은 없습니다. 아이의 발언은 부정하지 마시고 받아들여 주세요. 그리고 아이들끼리 상대방의 감정을 부정하지 않도록 도와주는 것이 중요합니다.

친구는 이럴 때 어떤 기분이 들까요?

■ 자신을 이해하고 타인을 이해합니다.

곤충을 좋아하는 형준이는
곤충 채집통에 있는 장수풍뎅이가
먹이를 먹는 걸 보면 정말 기쁘대요.
멋쟁이 선아는
부모님께서 멋진 옷을 사 주시면 굉장히 기쁘대요.
친구의 기분은 "난 그럴 때 이런 기분이 들어." 하고
말해 주지 않으면 모를 때가 많아요.
서로 이야기를 나누다 보면, "그렇구나!" 하고
그 아이에 대해 잘 알 수 있고, 나에 대해서도 알아 주니까
지금보다 더 사이좋게 지낼 수 있을 거예요!

제 1 장   기분과 친밀해져요

워크   기분 주사위 놀이

① 3~4명으로 그룹을 만들어 보세요.
② 주사위를 던져서 나온 숫자만큼 칸을 이동하세요.
③ 자신이 멈춘 칸의 표정을 보고, 어떤 기분인지 말해 보세요.
④ 자신이라면 언제 이런 기분이 되는지 말해 보세요.

친구의 이야기를 들을 때는 확실하게 몸을 상대방에게 향하고, 고개를 끄덕이거나 맞장구를 치면서 잘 들어 주세요. 자신의 기분을 친구들이 집중해서 들어 주면 굉장히 기뻐진답니다.

그때그때 자신의 감정을 말로 잘 표현하는 아이가 있는 반면에 어려워하는 아이도 있습니다. 먼저 15페이지에 있는 워크에 도전하는 등 워밍업을 하고, '기분 주사위 놀이'를 하도록 해 주세요. 그리고 이야기를 경청하는 방법을 알려 줌으로써 서로가 기분에 대해 잘 이야기할 수 있도록 도와주세요.

부정적인 감정이 너무 커지면 어떻게 될까요?

■ 부정적인 감정의 악순환을 이해합니다.

민지랑 싸웠어요! 짜증 나요!
심통이 나 있었더니 선생님께 혼났어요. 완전 짜증 나요!
집에서 동생이 시끄러우니까 "시끄러워!"라고 야단쳤더니,
엄마한테까지 혼났어요.
아~ 정말, 왜 이러지?! 라고 생각할 때가 있을 거예요.
부정적인 기분도 살아가는 데 굉장히 중요하답니다. (항목7)
그렇지만, 부정적인 기분이 너무 커지면 성가시지요.
부정적인 기분이 지나치게 커지면
어떤 괴로운 일이 일어날지 생각해 봐요!

워크 ## 부정적인 풍선이 펑!!

1 '분노 풍선'이 너무 커지면 어떻게 될까요?

(예) 친구와 싸우게 된다
_____
_____
_____
_____
_____

2 '슬픔 풍선'이 너무 커지면 어떻게 될까요?

(예) 기운이 없어진다
_____
_____
_____
_____
_____

3 '공포 풍선'이 너무 커지면 어떻게 될까요?

(예) 잠을 잘 수 없게 된다
_____
_____
_____
_____
_____

 부정적인 감정은 굉장히 중요한 감정입니다. 그것을 '느끼면 안 되는 것'이라고 받아들여 버리면, 감정을 억압하게 되고 오히려 건강을 해칠 수 있습니다. 부정적인 감정을 확실히 인정한 후 대처하는 방법이 필요합니다. 그 방법에 대해서는 제6장 '회복력을 키워 보아요'에서 자세히 다룹니다.

부정적인 감정은 성장·성공의 토대

■ 부정적인 감정의 필요성을 이해합니다.

부정적인 기분이 너무 커지면 괴로워지지요. (항목 6)
그래서 부정적인 기분은 가능한 한 느끼고 싶지 않을 수도 있어요.
하지만, '슬픈 경험'을 했기 때문에
주변 사람들에게 상냥하게 대할 수 있게 되었어요.
'분한 감정'을 계기로 많은 연습을 통해 잘할 수 있게 되었고요.
'분노'를 계기로 사회 활동에 참여하게 되었어요.
부정적인 기분이 있었던 덕분에
자신이 성장하거나 성공한 경험을 얻은 사람이 많이 있습니다.
부정적인 기분은 여러분을 위한 밑거름이 될 수도 있다는 점,
꼭 기억해 주세요!

제1장 기분과 친밀해져요

워크 인터뷰 '부정적인 감정으로 성공한 이야기'

1 '분하다', '분노', '슬프다', '불안하다' 등 부정적인 기분 덕분에 성장하거나 성공한 경험이 있는지, 주변 어른에게 인터뷰해 보세요.

'슬프다', '분하다', '불안하다', '분노' 등 기분 나쁜 체험을 했지만, 그 덕에 성장하거나 성공한 경험이 있으시다면 알려 주세요.

언제 있었던 일인가요?
어디에서 체험하셨나요?
어떤 체험을 하셨나요?
어떤 기분이 들었나요?
그 덕에 어떤 성장·성공을 하셨나요?

이야기 들려주셔서 감사합니다.

다양한 어른에게 물어보세요!
노트에 메모하면서 얘기를 들어 봐요.
인터뷰가 끝나면 반드시 감사 인사를 드리도록 해요.

2 인터뷰를 하고 나서 여러분이 느낀 점을 써 보세요.

이야기를 들었다면, 다음에 여러분이 부정적인 감정이 들었을 때는 어떻게 하고 싶은가요?

_____

_____

_____

_____

 어른분들께 미국의 심리학자 로버트. B. 디너 박사는 '20%의 부정적인 시간을 유익하게 쓸 수 있는 사람은 일도, 학업에서도 성공하여 풍족하고 행복한 인생을 살 수 있다.'(『부정적인 감정이 성공을 부른다』)고 결론을 내렸습니다. 어른이 자신의 경험을 이야기해 주면, 아이들은 부정적인 감정과 함께하는 방법을 배울 수 있습니다.

21

8. 긍정적인 기분을 좀 더 늘려 봐요

긍정 트레이닝

■ 긍정적인 감정을 늘립니다.

뱃속 깊은 곳에서부터 많이 웃으면
감기에 잘 걸리지도 않고 튼튼한 몸이 되어 오래 살 수 있어요.
열심히 공부해서 해답을 알게 되면
더욱더 공부가 하고 싶어지지요. 의욕도 생깁니다.
친구와 놀면서 정말 즐겁다고 느끼게 되면
친구 사이는 지금보다 한층 더 좋아질 거예요.
긍정적인 기분은 여러분을
더욱 긍정적인 사람으로 만들어 줍니다.
여러분이 부정적인 기분에 빠질 것 같다면,
긍정적인 기분이 드는 것들을 해 보세요.
긍정적인 기분이 부정적인 기분을 누그러뜨려 줄 거예요.

제 1 장 기분과 친밀해져요

워크 좋았던 일 3가지

하루를 되돌아보며 긍정적인 기분이 들었던 일을 3가지 적어 보세요.
(예) 방과 후, 예지랑 같이 놀아서 정말 즐거웠다!
이유: 예지가 "같이 놀자!"라고 말해 줬으니까.

> 일주일 동안, 좋았던 일이 왜 일어났는지 그 이유도 생각해 보세요. 자기 전에 이 워크에 도전해 봐요. 기운이 날 거예요!

① _____
이유: _____

② _____
이유: _____

③ _____
이유: _____

워크 좋았던 일을 나눠 주세요

위에서 적은 '좋았던 일 3가지'를 친구에게 말해 보아요.
얘기가 다 끝나면 친구의 '좋았던 일 3가지'도
들어 주세요.

> ① 이야기가 다 끝나면 "들어 줘서 고마워."라고 말해요.
> ② 이야기를 들을 때는 몸을 상대방 쪽으로 향하고, 맞장구를 치면서 끝까지 잘 들어 주세요.
> ③ "그런 건 좋지 않은데.", "뭐야, 그게?" 등, 상대방의 이야기를 부정하지 않도록 합니다.
> ④ 가족과도 해 보세요.

어른분들께 하루의 끝에, 그날 좋았던 일을 크든 작든 3가지를 떠올리고 왜 좋았는지 이유와 함께 적어 둡니다. 이 '좋았던 일 3가지 기록'을 일주일 이상 계속한 결과, 행복감이 증대되고 최장 6개월 동안 우울증 증상이 꾸준히 줄어들었다는 연구 결과가 있습니다. (C. 피터슨 저 『긍정 심리학 입문』) 가족과 함께할 때는 부모님과 아이가 서로의 이야기를 공유해 보세요.

긍정적인 기분을 곱씹어요

■ 긍정적인 감정을 음미합니다.

어제 소풍은 정말로 즐거웠지만,
오늘은 학교에서 친구와 싸워서 기분이 너무 나빴어요.
긍정적인 기분은 여러분을 더욱 긍정적으로 만들지만,
바로 사라지고 맙니다.
부정적인 감정처럼 오래가지 않아요.
그래서 긍정적인 기분이 들었을 때,
그것을 잊지 않도록 확실히 곱씹으며 음미하는 것이 중요해요.
그것을 'Savoring(음미하기)'이라고 합니다.
음미하기를 통해 긍정적인 감정의 효과를
더욱더 높여 보아요.

제1장 기분과 친밀해져요

워크 | 음미하기 앨범을 만들어요

기분 풍선 속에서 3가지를 골라, 그 기분을 나타내는 그림이나 사진을 모아 앨범을 만들어 봐요!

- 기쁘다
- 안심하다
- 재미있다
- 고맙다
- 열심히 하고 싶다
- 즐겁다
- 두근두근하다
- 좋아하다
- 자랑스럽다

> 앨범 속 그림이나 사진을 보고 긍정적인 기분을 떠올리며 음미해 보세요! 긍정적인 기분이 되고 싶을 때, 이 앨범을 보면 좋을 거예요!

음미하기 앨범

어른분들께

긍정적인 감정은 부정적인 감정에 비해 지속하지 않는 것으로 알려져 있습니다. 긍정적인 감정을 상기시킬 사진을 보거나 물건을 쓰는 등, 긍정적인 감정을 음미하는 'Savoring' 습관을 몸에 익힐 수 있도록 해 주세요. 친구들이나 가족과 추억 이야기를 하면서 긍정적인 감정을 떠올리거나, 가끔 앨범을 꺼내 함께 보면서 긍정적인 감정을 공유하는 것도 좋습니다.

25

칼럼 ❶

기분이 받아들여지면 마음이 상쾌해져요

작은 꼬마 아이가 공원에서 넘어져서 "으아앙!" 하고 울고 있어요.
엄청 아픈 걸까요? 울음을 그칠 기미가 보이지 않네요. 그때, 아이의 어머니가 뛰어와서 이렇게 말했어요.
"왜 그러니? 넘어졌어?"
아이는 울면서 끄덕였어요.
"그렇구나. 아팠겠다.", "깜짝 놀랐구나."
그러자 아이는 어머니의 얼굴을 보고 "네, 깜짝 놀랐어요. 아파서 깜짝 놀랐어요."라고 말하며 울음을 그쳤답니다.
'아프다', '깜짝 놀라다'라는 기분을 어머니가 자상하게 받아들여 주셔서 그것만으로 마음이 안심되고 풀린 거예요.
우리도 마찬가지입니다. 나쁜 기분(부정적인 감정)을 누군가 들어 주면, 그것만으로도 신기하게 나쁜 기분이 줄어들지요. 좋은 기분(긍정적인 감정)을 누군가 들어 주면, 그것만으로도 신기하게 기분이 더욱 좋아져요.
여러분도 누군가 내 기분을 들어 주면 마음이 상쾌해지고 행복한 기분이 늘어날 거예요!
그래서, 친구의 기분도 잘 들어 주었으면 좋겠어요. "그렇구나, 그런 기분이었구나."라고 확실히 받아들여 주면, 그것만으로도 친구의 나쁜 기분이 작아지고 좋은 기분은 커질 거예요.
그러면 분명 그 친구와 더욱더 사이좋게 지낼 수 있게 되겠지요!

제 2 장 몸과 마음이 이어져 있다는 것을 이해해요

나답게 행복한 하루하루를 보내기 위해서는
자신을 잘 아는 것이 중요해요.
쉬거나, 몸에 좋은 식사를 하고, 잠을 푹 자서
건강 상태를 관리하여 마음도 건강하게 만들어 보아요.
그렇게 하면 나다움을 발휘할 수 있고,
무언가에 도전할 용기도 생깁니다.
제2장에서는 몸이 보내는 메시지를 잘 듣고
자신의 마음 상태를 이해하는 방법, 건강 상태를 관리하여
마음을 건강하게 하는 방법을 익힐 수 있어요.

긍정 트레이닝 10

수업 중, 손을 들 때 심장이 두근두근. 손에는 땀이!

■ 스트레스가 쌓이면 몸에 변화가 나타나는 것을 이해합니다.

선생님께서 "답을 아는 사람은 손 들어 주세요."라고 말씀하셨어요.
답은 알아요. 하지만 어쩌죠, 손 올릴까요……?
아아, 심장이 두근두근해요. 손에도 땀이 나요.
'맞을까?', '잘 말할 수 있을까?'
이런 생각에 몸이 긴장하고 말았어요.
심장이 두근두근 움직이는 횟수를 심박 수라고 해요.
긴장했을 때뿐만 아니라, 화났을 때나 무서울 때,
두근두근할 때도 심박 수는 올라가지요.
그것뿐만 아니라, 몸과 마음은 이어져 있어서
스트레스가 쌓이면 손이나 겨드랑이 아래에 땀이 나는 등
몸 여러 군데에서 다양한 반응이 나타나요.

제 2 장 몸과 마음이 이어져 있다는 것을 이해해요

워크 두근두근 컨트롤

 1 심박 수를 재 보세요.

① 왼손 손바닥을 위를 향해 펼쳐 보세요.
② 오른손 검지와 중지, 약지를 왼손 엄지 밑 손목에 대고, 두근두근 뛰는 느낌이 나는 곳을 찾아보세요.
③ 10초 동안에 몇 번 두근두근하는지 세고, 곱하기 6을 해 보세요.

나의 지금 심박 수 [   ] 회 × 6 = [   ] 회 / 분

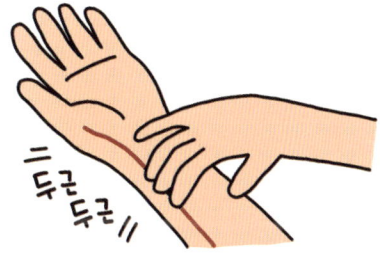

심장이 두근두근 하는 횟수를 심박 수라고 해요.

2 두근두근해 보아요.

④ 언제 심박 수가 올라갈까요? 어르신께 자리를 양보하거나, 무서운 영화를 봐 보세요!

[   ] 했을 때,

심박 수 = [   ] 회 / 분으로 늘어났어요.

안정돼 있을 때와 두근두근할 때, 몸에 어떤 변화가 생기는지 알아챘나요? '두근두근해 보아요'를 할 때는 반드시 어른과 함께하세요. 심장이 너무 많이 뛰면 몸이 깜짝 놀라므로, 1분 정도로 시간을 정해서 실험해 보세요.

⑤ 이외에 몸에 변화가 있다면 적어 보세요.
(예) 땀이 났다.

3 어떻게 하면 심박 수를 안정시킬 수 있을까요?

⑥ 심박 수를 안정시키는 방법을 생각해 보고, 시험해 보아요.

[   ]

[   ] 한 후의 심박 수

= [   ] 회 / 분

즐거운 일을 상상하거나 심호흡을 하면 심박 수를 안정시킬 수 있어요.

긍정적인 감정에는 부정적인 감정으로 인해 발생한 심혈관의 이상을 진정시키거나 사라지게 하는 '긍정적인 감정의 삭제 효과'가 있습니다. 긍정적인 감정을 이용하여 생리적인 반응을 억제할 수 있다는 것입니다. 먼저 스트레스를 느낄 때와 릴랙스할 때의 심신의 차이를 알려 주세요. 스트레스 상태가 됐을 때 스스로 알아차리고 대응할 수 있게 됩니다.

실전에 약해서 철저히 준비해도 잘 안 돼요

■ 마인드풀니스 호흡법을 실천합니다.

분명 공부는 했는데, 시험 때만 되면 머리가 새하얘져요.
시합 전에는 심장이 두근두근해서 몸이 움직이지 않아요.
열심히 연습하고 틀리지 않으려고 준비해도
실전에서 긴장하거나 불안해져서
생각만큼 잘하지 못했던 경험은 누구나 있을 거예요.
그럴 때는 '마인드풀니스 호흡법'으로
특별히 조용한 시간을 보내 보아요.
마음이 진정되고 몸이 편안해지면서
여러분이 가진 능력을 마음껏 발휘할 수 있을 거예요.
불안하거나 무서울 때,
화가 날 때 등 언제든 해 보세요.

제 2 장   몸과 마음이 이어져 있다는 것을 이해해요

워크   마인드풀니스 호흡법

 1·2학년

① 바닥에 위로 향하게 눕고, 배 위에 인형을 올려놓으세요.
② 숨을 전부 내뱉으세요.
③ 코로 숨을 천천히 들이마시세요. 마음속으로 천천히 1, 2, 3, 4를 셉니다.
④ 천천히 길게 코로 숨을 내뱉어 보세요. 배 위에 놓인 인형이 위, 아래로 움직이는 것을 확인하세요.

> 입으로 호흡하는 습관이 있지는 않나요?
> 입은 다물고 코로 호흡해 보세요.
> 입으로 호흡하면 감기에 걸리기 쉽고 집중력이 떨어지기도 합니다. 아무리 해도 고치기 어렵다면 입으로 호흡해도 괜찮아요.

> 온몸의 힘을 빼고, 배 속 가득 숨을 들이마셔 보세요. 머릿속에 다른 생각이 떠오른다면 인형에 집중하세요!

 **3학년~6학년**

① 허리를 쭉 펴고 의자에 앉아 보세요.
② 코로 숨을 천천히, 길게 들이마시세요. 가슴뿐만 아니라, 배가 크고 둥글게 부풀어 오르는 것을 느껴 보세요.
③ 숨을 배 속 가득 들이마셨다면, 천천히 길게 코로 숨을 내뱉어 보세요. 배가 꺼지는 것을 느껴 보세요.
④ ②와 ③을 반복하세요.

> 특히 천천히 길게 내뱉는 것에 의식해 보세요.
> 그리고 여러분의 숨은 몸의 어디를 통하는지 관찰해 보세요. 머릿속에 다른 생각이 떠오른다면 호흡에 집중하세요.

 마인드풀니스란 '가치 판단을 하거나 선입견을 품지 않고, 오감을 사용하여 지금 이 순간에 의식을 집중함으로써 생겨난 깨달음'입니다. 호흡이나 온몸에 의식을 집중하는 것은 자신의 '지금 이 순간'을 깨닫고 안정감을 키우는 토대가 됩니다. 하루 15분, 한 달을 목표로 실천해 보면 좋습니다. 어린이가 감정을 잘 컨트롤할 수 없을 때는, 부모도 함께 마인드풀니스 호흡법을 실천해 보세요.

긍정 트레이닝 12

매일 바빠서 스트레스가 잔뜩!

■ 긴장을 풀고 몸을 릴랙스합니다.

학교 숙제에, 학원까지. 아이도 하루하루가 너무 바빠요.
게다가 엄마에게 혼도 났어요……
힘든 일이나 싫은 일이 계속되면
아이도 스트레스가 쌓여서,
왠지 가슴이 답답하기도 하고, 몸이 아프기도 하고,
벌벌 떨리기도 하고, 호흡이 힘들어지거나,
배가 아프거나 땀을 흘릴 때도 있어요.
그렇다면 요주의! 어린이의 하루가 엉망이 되고 말 거예요.
하지만 괜찮아요. 긴장을 풀고 쉬는 방법을 연습하면
힘든 일이나 싫은 일에도 맞설 힘이 몸에 생길 거예요.

워크 **따라하기 요가에 도전!**

1 나무 포즈

① 허리를 꼿꼿이 세우고 바로 서세요. 왼발로 서서
   오른발 바닥을 왼쪽 허벅지 안쪽에 붙여 보세요.
② 지면에 붙인 발의 밑에서 뿌리가 났어요.
   바람이 불어도 꿈쩍도 하지 않아요.
③ 양손을 모아 머리 위로 뻗어 보세요. 심호흡을 3회 합니다.
④ 팔과 다리를 내리고 좌우를 바꿔서 한 번 더 하세요.

2 코브라 포즈

① 엎드려 누워 보세요. 발은 어깨너비로 벌려 주세요.
② 양손을 바닥에 대고,
   숨을 들이마시면서 상반신을 뒤로 젖힙니다.
③ 코브라가 되어 보세요. 자, 먹이는 어디에 있을까요?
   심호흡을 3회 합니다.
④ 몸을 다시 원래대로 돌린 후 잠깐 쉬고,
   한 번 더 반복하세요.

3 대초원에서 낮잠 자기 포즈

① 위를 향해 누워 보세요. 양발을 살짝 벌립니다.
   손은 몸에서 살짝 떼고 손바닥이 천장을 향하도록 해 주세요.
② 천천히 눈을 감고 얼굴과 몸의 힘을 빼세요.
③ 천천히 심호흡하세요. 몸이 땅속 깊이 내려간다는 상상을 해 보세요.
④ 머릿속에 다른 생각이 나면,
   마인드풀니스 호흡법(31페이지)을 떠올리며 호흡에 집중해 보세요.

배가 부를 때는 하지 마세요.
무리하지 말고, 가능한 범위에서 해 보세요.
마지막엔 반드시 대초원에서 낮잠 자기 포즈로 마무리해 주세요.

어른 분들께 요가의 움직임을 통해 자신의 호흡과 심신의 상태에 집중할 수 있습니다. 자신의 몸과 마음을 소중히 하는 것은, 자기 자신을 이해하는 것으로 이어집니다. 또한, 요가를 하면 자세나 호흡이 정돈되어 정신이 안정된다고 알려져 있습니다. 워크로 소개한 포즈 이외에도 아이에게 알맞은 요가는 많이 있으므로, 아이에게 맞춰 도전해 보세요.

긍정 트레이닝

13 ··수업 중에 나도 모르게 졸아요

■ 수면과 성장의 관계를 이해합니다.

수업 중에 졸려서 머리가 멍해져요…….
아이에게 필요한 수면 시간은 1~3학년은 10시간,
4~6학년은 9시간 정도예요.
여러분은 매일 몇 시간 정도 자나요?
자는 동안에 몸과 머리는 내일의 준비를 한답니다.
① 몸을 제대로 휴식하고 하루의 피로를 풀어 기운을 회복해요.
② 낮에 섭취한 영양을 사용해서 키를 키우고 몸을 만들어요.
③ 학교 등에서 새롭게 공부한 것을 확실하게 익힙니다.
자는 시간이 부족하면, 준비 부족으로 다음 날 일어나기 힘들거나
모처럼 공부한 것을 잊어버리고 맙니다.
빨리 자는 것이 중요해요.

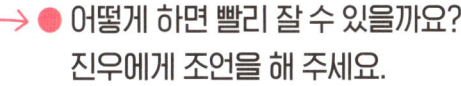

워크 　수업시간에 조는 건 이제 그만!

어떻게 하면 빨리 잘 수 있을지 생각해 보아요.

● 진우의 경우
　TV가 너무 재미있어서 자기도 모르게 늦게까지 TV를 봐요…….

→ ● 어떻게 하면 빨리 잘 수 있을까요?
　진우에게 조언을 해 주세요.

> TV나 스마트폰 등의 강한 빛은 뇌를 깨우는 작용을 합니다.

_____
_____
_____

● 여러분의 경우

→ ● 어떻게 하면 빨리 잘 수 있을까요?
　자신에게 조언을 해 주세요.

> 긴장을 푸는 방법이나 어떤 방에서 잠이 잘 드는지 생각해 보세요.

_____
_____
_____

워크 　'걱정 상자'를 상상해 보세요

고민이나 걱정 때문에 잠들지 못할 때는 '걱정 상자'를 상상해서, 그 속에 걱정거리를 넣고 열쇠로 잠가 보세요.

> 걱정 상자가 여러분의 고민이나 걱정거리를 맡아 줄 거에요. 상상에 그치지 말고, 진짜로 걱정 상자를 만들어 방에 두는 것도 좋겠지요.

> 며칠 후 걱정 상자를 열어 보세요. 걱정했던 것은 어떻게 되었을까요?

초등학교 고학년의 수면에 관하여, 22시 이전에 취침하는 아이는 '공부가 재밌다', '운동을 한다', '굉장히 건강하다'고 답변하는 비율이 높았지만, 23시 이후에 취침하는 어린이는 '오전 중에 졸리다', '컨디션이 나쁘다', '짜증이 난다'고 답변하는 비율이 높았다는 연구 결과가 있습니다. 또한, 취침 시간이 늦으면 늦을수록, 수면 시간이 적으면 적을수록 성적이 악화한다는 연구 결과도 있습니다.

밖에서 노는 것보다 집에서 게임을 하고 싶어요

■ 세로토닌을 늘려 뇌를 건강하게 만듭니다.

집에서 게임을 하고 있으면
엄마께서 "밖에서 놀기도 해야지!"라고 말씀하십니다.
왜 밖에서 놀아야 하나요?
게임이 훨씬 더 재미있는데.
여러분이 먹고 생각하고 기뻐하고 손발을 움직이는 동안
여러분의 뇌는 계속 일을 하고 있어요.
그러므로 뇌의 건강은 굉장히 중요한 거예요.
뇌를 건강하게 하려면, 뇌 속에 '세로토닌'이라는 물질이 많아야 한답니다.
밖에서 태양 빛을 받으며 운동하면
세로토닌이 많이 만들어져요.
뇌가 건강해지면 여러분의 몸도 마음도 함께 건강해질 거예요.

제 2 장   몸과 마음이 이어져 있다는 것을 이해해요

워크 뇌를 건강하게 하는 조사

1 여러분은 얼마나 뇌를 건강하게 하고 있을까요? 여러분이 한 것에 ○를 쳐 주세요. 일주일 후, ○를 세어 보고 그래프로 만들어 보아요.

■ 나의 일주일

	월요일	화요일	수요일	목요일	금요일	토요일	일요일	합계
아침 햇살을 받았다								
밖에서 놀았다 (운동했다)								
밤 9시 이전에 잤다								
푹 잤다								
아침 일찍 일어났다								
아침밥을 챙겨 먹었다								
푹 쉬었다								

2 ○를 세어 보고, 그래프에 색을 칠해 보세요.

> 그래프에 칠한 색이 많은 친구는 이 상태로 꾸준히 힘내세요! 별로 많이 칠하지 못한 친구는 어떻게 하면 ○를 늘릴 수 있을지 생각해 보세요!

어른 분들께 세로토닌은 몸과 마음의 균형을 조절하는 아주 중요한 물질입니다. 뇌 속에서 세로토닌이 충분히 만들어지기 위해서는 균형 잡힌 식사나 일찍 자고 일찍 일어나는 습관, 적절한 운동 이외에도 스트레스나 불안이 쌓이지 않는 생활을 보내는 것이 굉장히 중요합니다. 차분하지 않고 산만한 어린이를 보고 그것이 그 아이의 성격이라고 단정 짓지 마시고, 우선은 어떤 생활을 하는지 신경 써서 살펴보는 것이 필요합니다.

싫어하는 음식을 먹어야 할 때 어떻게 하나요?

■ 3대 영양소에 대해 이해합니다.

엄마께 "채소도 먹어야지."라고 야단맞았어요!
채소는 싫어요!
너무 먹기 싫어요!
몸이 건강하려면 3가지 영양소가 필요해요.
첫 번째는 에너지가 되는 영양소.
여러분이 놀고 공부하고 운동하고,
또 숨 쉬거나 잘 때도 에너지가 필요해요.
두 번째는 여러분의 몸을 만들기 위한 영양소.
피부, 뼈, 근육, 내장은 여러분이 먹는 음식에서 만들어져요.
세 번째는 몸 상태를 유지하는 영양소.
부족하면 감기에 걸리거나 그 이외 다른 병에도 걸리게 돼요.

제 2 장　　몸과 마음이 이어져 있다는 것을 이해해요

워크 　'영양 특공대 선 레인저' 대집합!

이럴 때, 영양 특공대 선 레인저의 도움을 받아 보세요.

> 밥을 먹을 때,
> 선 레인저가 확실히 오는지 확인해 보세요.

쉽게 지친다

이럴 때는
↓
에너지가 되고
몸을 움직이는 윤활유

움직이는 레인저

빵, 밥, 고구마, 초콜릿, 기름

힘이 없다

이럴 때는
↓
몸을 만든다

만드는 레인저

달걀, 고기, 생선, 낫토, 미역, 우유, 치즈

병에 자주 걸린다

이럴 때는
↓
몸의 건강을 유지하여
병으로부터 지켜 주는

지키는 레인저

당근, 딸기, 토마토, 양파, 피망, 브로콜리, 시금치, 오이

3대 영양소를 균형 있게 잘 섭취하기 위해서 어떤 식품을 어떤 조합으로 먹으면 좋을지 외우도록 합니다. '움직이는 레인저'는 당질이나 지질이 주요 영양소이며, '만드는 레인저'는 단백질이 주요 영양소입니다. 마지막으로 '지키는 레인저'는 비타민·미네랄이 주요 영양소입니다.

기대했던 행사에 참여할 수 없게 됐어요

■ 긍정적인 감정이 면역력을 높이는 것을 이해합니다.

오늘은 소풍 가는 날! 그런데 감기에 걸려 버려서 못 가게 되었어요.
친구들과 노는 걸 정말 기대했는데……
방에서 멍하니 누워 있자 엄마가 제일 좋아하는 젤리를
가져다주시고 꼬옥 안아 주셨어요.
슬픈 기분도 쓸쓸한 기분도 조금 누그러졌어요.
기대하던 걸 할 수 없게 되면
누구나 마음속 기운 탱크가 텅 비어 버릴 거예요.
하물며 몸이 안 좋다면 더욱 그러겠지요.
그럴 때는 누군가 어루만져 주거나 안아 주거나,
반대로 누군가의 손을 잡으면,
편안한 기분이 들면서 마음속 탱크가 기운으로 가득 찰 거예요.

워크 　 기운 탱크 미터기

1 지금의 기운을 0~10으로 나타내면 어느 정도일까요? 미터기에 색을 칠해 보세요.

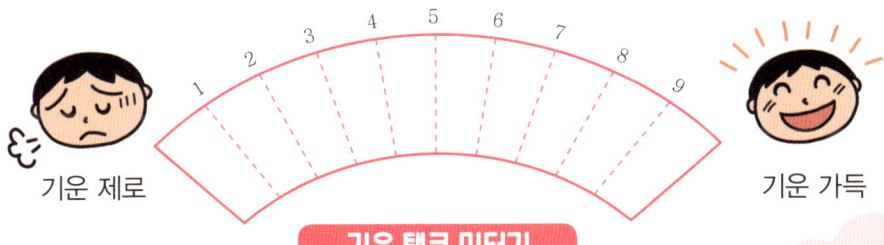

기운 제로 　 기운 탱크 미터기 　 기운 가득

> 누구나 기운이 가득할 때와 기운이 전혀 없을 때가 있어요. 기운이 없다고 해서 나쁜 것이 아니에요. 그러니까 기운이 없어도 걱정하지 마세요.

2 병에 걸리거나 상처를 입었을 때 기운은 어느 정도일까요?

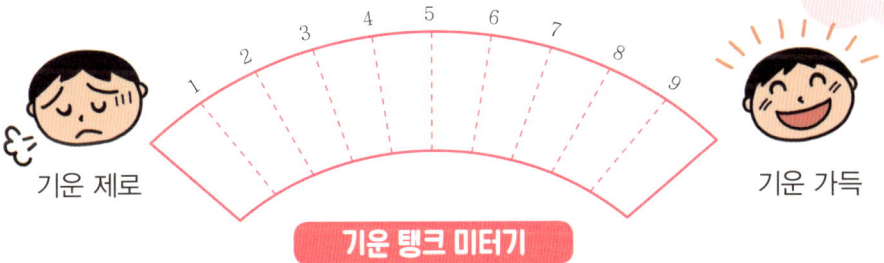

기운 제로 　 기운 탱크 미터기 　 기운 가득

3 병에 걸리거나 상처를 입었을 때 어떻게 하면 기운 탱크가 가득 찰까요? 여러분만의 비장의 비법을 적어 보세요.

예) 엄마가 꼬옥 안아 준다 / 좋아하는 책을 읽는다 / 멍하니 있는다

_____

_____

_____

_____

_____

> 사람에 따라 기운 탱크를 가득 채우는 방법은 다 달라요. 친구와 달라도 괜찮아요! 주변 사람이 지금까지 해 준 것이나 자신이 해 봤던 것도 괜찮고, 앞으로 해 보고 싶은 것이나 누군가 해 주길 바라는 것도 괜찮아요. 여러분만의 비장의 비법을 찾아보세요!

어른분들께 　 병에 걸리거나 상처를 입었을 때는 기분도 가라앉기 쉽습니다. 하지만, 긍정적인 감정이 면역력을 높인다는 연구 보고가 있습니다. 마음이 기운을 회복하는 것은 몸에도 좋은 영향을 주기 때문입니다. 마음을 건강하게 만드는 자신만의 방법을 찾아 두면, 만일의 경우 재빠르게 가라앉은 기분에서 다시 기운을 되찾을 수 있습니다.

칼럼 ❷

릴랙스를 몸에 익혀 보아요

스트레스라고 들어 본 적 있나요?
스트레스란 매일 생활 속에서 '힘들다', '싫다'라고 생각하는 것입니다. 아이도 공부나 시험, 가족이나 친구와의 사건 등에서 스트레스를 느낄 때가 있어요. 스트레스가 쌓이면 왠지 가슴이 답답하고, 긴장해서 배가 아프거나 몸이 덜덜 떨리기도 하고, 숨을 쉬기 어렵거나 땀을 흘리는 등 몸으로 나타나기도 합니다. 이렇게 되면 즐거운 하루하루가 엉망이 되고 말 거예요.

하지만 괜찮아요. 릴랙스하는 연습을 하면 힘들거나 싫은 일에도 맞서는 힘이 몸에 붙을 테니까요. 음악을 듣거나 수다를 떨거나 책을 읽기도 하고……. 여러분만의 릴랙스 방법을 찾아보세요.

그리고 기분 좋은 매일을 보내기 위해서는 여러 가지 방법으로 자신을 소중히 하는 것이 중요해요.

릴랙스하는 것, 몸에 좋은 것을 먹는 것, 푹 자는 것, 운동하는 것은 여러분의 건강도 기분도 좋게 만들어 줄 거예요. 몸과 마음은 이어져 있으니까요.

●가족이나 친구와 함께 릴랙스

① 2인 1조가 되어, 한 사람이 등을 보이고 의자에 앉습니다.
② 상대방의 어깨에 손의 온기를 느낄 수 있도록 손을 얹습니다.
③ 천천히 어깨나 등을 살살 쓰다듬습니다. 잠시 동안 계속합니다.
④ 교대합니다.

제 3 장 자신의 강점을 발견하여 살려 보아요

강점이라는 말에서 어떤 이미지가 떠오르나요?
달리기가 빠르다든가, 귀엽다든가, 머리가 좋다든가 하는 것이 떠오르나요?
자신이 아무렇지 않게 하던 것인데 주변 사람에게 칭찬받은 경험이 있지 않나요?
그때 여러분은 여러분의 강점을 발휘한 것일지도 몰라요.
자신의 강점을 잘 활용하면 나답게 지낼 수 있답니다.
제3장에서는 자신의 강점을 발견하고
그것을 잘 활용하는 방법을 몸에 익혀 봐요.

달리기도 느리고 키도 크지 않아요. 강점이 하나도 없는 것 같아요

■ 강점과 그 종류에 대해 이해합니다.

'강점'이란 말을 들어 본 적이 있나요?
'장점', '좋은 점' 등으로 바꿔 말할 수 있어요.
달리기가 빠르다거나 키가 크다거나 귀엽다거나 하는 것도 강점일 수 있어요.
하지만, 여기에서의 말하는 강점은 그러한 눈에 보이는 특징뿐만 아니라
사고나 성격적인 특징을 말하는 거예요.
예를 들어, 호기심이나 배려심, 유머 등 말이죠.
만약 여러분이 재밌는 것을 생각하는 걸 좋아하고
'친구들을 어떻게 웃기면 좋을까?'하고 떠올렸다면,
여러분의 강점은 '유머'예요.
강점을 살리면 여러분의 에너지가 점점 솟아날 거예요.
그리고 여러분은 물론 주변 사람도 행복해질 수 있을 거예요!

제 3 장   자신의 강점을 발견하여 살려 보아요

워크   24가지 강점 리스트

강점에는 24가지 종류가 있어요. 어떤 강점이 있는지 확인해 보세요.
124페이지에서 '강점'의 자세한 설명을 다루고 있으니까 같이 읽어 보세요.

호기심 · 공부할 의욕 · 창조성·독창성 · 전체를 바라보는 힘 · 유연한 사고

성실함 · 열의 · 인내력 · 용감함 · 애정

대인 관계력 · 배려심 · 공평함 · 팀워크 · 리더십

넓은·용서하는 마음 · 자제력 · 사려 깊음 · 신중함·겸허함 · 감사하는 마음

희망 · 미적 센스 · 보이지 않는 힘을 믿는 마음 · 유머

'강점'이란 다양한 사회나 문화에서 미덕으로 인정받고, 소중한 것으로 여겨져 온 긍정적인 기질을 뜻합니다. 자신의 강점을 자각하고 적극적으로 살린다면 자신감이나 자존감, 삶에 대한 의지, 행복감, 충족감 등이 높아져 목표를 달성하기 쉬워지고, 스트레스가 잘 쌓이지 않는 등의 효과가 있다고 알려져 있습니다.

부러워요.
친구처럼 되고 싶어요

■ 자신의 강점을 찾습니다.

겁이 없는 현익이.
얼마 전에도 한 발 자전거에 도전했어요.
그에 비하면 전 겁이 많아서 곧바로 못 하겠다고 생각했어요.
현익이는 좋겠다.
나도 현익이처럼 되고 싶은데……
여러분은 친구가 부럽다고 생각한 적이 있나요?
자신에게는 강점이 없는 것처럼 느껴지나요?
괜찮아요. 여러분에게도 강점은 분명히 있습니다.
현익이도 사실 여러분을 부러워할지도 몰라요!
자, 여러분의 강점을 찾아보세요!

제 3 장　자신의 강점을 발견하여 살려 보아요

워크　자신의 강점을 찾아보아요

1 45페이지에서 소개한 '24가지 강점 리스트'에서 자신에게 맞는다고 생각하는 강점을 선택해 보세요.

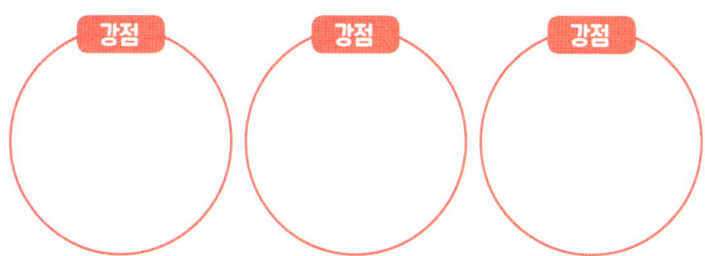

'이 강점을 발휘하는 내가 좋아!'로 골라도 괜찮아요.
3가지 정도 골라 보세요.

2 어떤 에피소드가 있나요?

　　　　　　　　　　　　~할 때,

　　　　　　　　　~해 보니까

　　　　　　　　　~라고 느꼈다.

그 강점을 살렸던 에피소드나, 그때 느꼈던 여러분의 기분을 떠올려 보세요.

3 여러분이 고른 강점을 자신만의 말로 바꿔 적어 보세요.

(예) 호기심　→　(예) 잘 모르는 것은 끝까지 파헤친다.

여러분이 그 '강점'을 자신감을 가지고 자신의 강점이라고 느끼는 것이 중요해요. 말 그대로 딱 맞거나 고쳐 쓸 말이 떠오르지 않는다면 그대로 써도 괜찮아요.

어른들께

'24가지 강점'을 단서로 아이의 '잘하지 못하는 것'보다 '잘하는 것'에 주목하여 상태를 관찰해 주세요. 아이의 강점을 알아챘다 하더라도 일방적으로 그것을 강요하지 말고, "○○할 때 어떻게 느꼈니?" 등 질문을 던지면서 아이가 스스로 자신의 강점을 깨달을 수 있도록 도와주세요.

19 사소한 일로 "착하구나."라는 말을 들었어요

■ 자신의 강점의 범위를 늘립니다.

공원에서 몸집이 큰 아이들에게 둘러싸여 울먹거리는 남자아이를 발견했어요.
전 "애가 무서워하잖아, 그만해."라고 말하고
남자아이를 구해 주었어요.
그랬더니 친구가 "착하고 용기 있구나." 하고 감탄했어요.
당연한 일을 했을 뿐인데요?
여러분이 당연하게 하는 것은,
사실 다른 사람은 따라 할 수 없는 여러분만의 '강점'일지도 모릅니다.
친구나 아빠, 엄마, 학교 선생님 등은
여러분이 아직 모르는 여러분만의 '강점'을 알고 있을 거예요.
자, 그럼 바로 물어보러 갈까요? 더욱 파워 업할 수 있을 거예요!

제 3 장   자신의 강점을 발견하여 살려 보아요

워크 인터뷰로 자신의 강점을 발견해 봐요

1 45페이지의 '24가지 강점 리스트'를 보면서, 여러분에 대해 잘 알고 강점을 알고 계실 것 같은 어른분들께 인터뷰해 보세요.

- 제게 맞는 건 어떤 거라고 생각하세요?
- 어떨 때 그것을 느끼셨나요? 이외에 다른 것도 있나요?
- 제가 가장 활기차 보일 때는 언제인가요?

인터뷰할 때는 이야기를 집중해서 듣고, 마지막에 "감사합니다." 하고 감사 인사를 꼭 드리세요. 만약 잘 모르겠다는 대답을 들어도 "알게 되면 꼭 알려 주세요!"라고 부탁해 두어요.

2 인터뷰로 발견한 것을 정리해 보세요.

① 여러분이 고른 강점과 어른들이 고른 강점은 같은 것이었나요? 아니면 달랐나요?
  ☐ 같았다 ☐ 달랐다

② 알려 주신 강점에서 어떤 것을 깨달았나요?

③ 여러분의 마음에 드는 강점에 추가하고 싶은 것이 있었나요?

'과연!', '그렇구나!', '몰랐었어!'라고 느낀 것에 대해 생각해 보세요.

어른분들께 모든 아이에게는 반드시 강점이 있습니다. 주위에서 알려 주는 강점은 아이가 자신이 예상했던 강점과 같을 수도 있고, 다를 수도 있겠지요. 같다면 주변에도 그 강점이 전해진다는 증거이고, 다르다면 새로운 강점이 늘어났다고 할 수 있습니다. '24가지 강점'을 항상 의식하고, 아이의 상태나 언동에 신경 쓰면서 강점이 발휘된 순간을 적극적으로 알려 주세요.

자기소개,
무슨 얘길 하면 좋을까요?

■ 강점을 말로 표현하여 자신을 브랜드화합니다.

여러분은 자기소개에서 무엇을 말하나요?
자신의 이름은 물론, 별명이나
좋아하는 것·싫어하는 것에 관해 말할지도 모르겠네요.
하지만, 어떤 얘기를 하면 좋을지 몰라서 곤란할 때도 있을 거예요······.
자기소개는 여러분에 대해서 좀 더 자세하게 알릴 기회예요!
모처럼이니까, 여러분의 강점을 소개하면 어떨까요?
여러분에겐 어떤 강점이 있나요?
그 강점은 어떤 물건이나 동물로 예를 들 수 있나요?
그 강점을 지닌 여러분은 주변 사람들을 어떻게 행복하게 할 수 있나요?
강점을 사용해서, 어떤 자기소개를 할 수 있을지 생각해 봐요.

제 3 장　자신의 강점을 발견하여 살려 보아요

워크　자신의 강점으로 자기소개

자신의 강점을 어떤 것으로 비유하여 표현해 보세요.

① 나의 강점은 무엇인가요?

> (예) 사려 깊음

강점

② 구체적으로 말한다면?

> (예) 어떤 일에 대해 곰곰이 생각하고 나서 답을 낸다. /
> 　　 천천히 생각하므로 바로 의견을 말하지 못할 때도 있다.

잘하는 것과
서투른 것,
양쪽 모두
생각해 보아요.

③ 나의 강점은 어떻게 다른 사람에게 도움이 될까요?

> (예) 친구들이 고민 상담을 할 때 함께 곰곰이 생각할 수 있다.

④ 그런 강점을 무언가에 비유한다면?

> (예) 거북이

자동차였다면?
동물이었다면?
음식이었다면? 등,
뭐든지 괜찮아요.

⑤ 그런 자신을 어필할 광고 문구는?

> (예) 차근차근 거북이

⑥ 그림으로 그려 보세요.

강점을 바탕으로 자기소개를 생각해 보는 것의 목적은 자신이 어떤 인간이고 어떤 점이 독특한지를 명확하게 하는 데 있습니다. 자신을 좋아하면 좋아할수록 개인적인 행복도가 올라간다고 알려져 있습니다. 이 워크는 아이가 혼자 하기에 어려울 수도 있습니다. 부디 함께 아이의 발상을 이끌어 주시면서, 그 아이의 강점을 북돋을 방법을 생각해 주세요.

51

21 빨간 불, 무시하고 건너갔더니 차가 와 버렸어요!

■ 강점의 황금 규칙을 이해합니다.

여러분이 만약 큰 사고를 당하게 될지도 모르는 위험한 상황에서
'용감함'이라는 강점을 써 버린다면 어떻게 될까요?
분명 큰일이 나고 말 거예요.
빨간 불인 상황에서 횡단보도를 건너면
자동차에 치여 큰 사고를 당할 수도 있어요.
여러분의 강점을 잘못 사용하면
여러분 자신을 상처 입힐 수도 있고,
주변 사람에게 폐를 끼칠 수도 있습니다.
강점은 언제 어떻게 쓰면 좋을까요?
강점의 올바른 사용법을 생각해 봐요!

제 3 장 자신의 강점을 발견하여 살려 보아요

워크 강점의 올바른 사용법과 잘못된 사용법

1 강점은 어떻게 쓰면 좋을까요? '올바른 사용법'이라고 생각한다면 ○를, '잘못된 사용법'이라고 생각한다면 ×를 적어 보세요.

강점

유머

〈웃음을 소중히 한다〉
웃음이나 놀고 싶은 마음을 소중히 해요. 다른 사람을 웃게 하거나, 재미있는 일을 생각하는 걸 좋아해요. 여러 상황에서 밝은 면을 보려고 합니다.

○ ×	상황
	모두 다 함께 재밌게 노는 방법을 제안하려 한다
	혼날 때 장난삼아 까불거린다
	다른 사람의 험담을 하여 웃기려고 한다
	낙심한 사람을 웃음으로 격려하려고 한다
	누군가에게 재밌는 일을 말해 달라고 한다

2 나의 강점을 한 가지 골라서 '올바른 사용법'과 '잘못된 사용법'을 생각해 봐요.

고른 강점 →

(예) 대인 관계

친구와 놀 때, 공부할 때, 집에서 집안일을 도울 때 여러분의 강점에는 어떤 올바른 사용법 / 잘못된 사용법이 있을까요?

올바른 사용법	잘못된 사용법
(예) 친구와 상의하여 노는 날 등을 정한다	(예) 친구가 공부에 집중하고 있는데 노는 얘기를 한다

 강점은 '의식적, 적극적으로 활용하는 것이 좋다'고 여겨집니다. 하지만 '배려'라는 강점도 사용법이 틀리면 그저 '쓸데없는 참견'이 되어 버릴 수 있으므로, 강점에는 사용법 규칙이 있습니다. '적절한 강점을 적절한 때에, 적절한 방법, 적절한 정도로 쓰는 것'이 무엇보다도 중요합니다. 아이와 함께 강점의 올바른 사용법을 생각하고, 활용할 수 있도록 용기를 북돋아 주세요.

53

늘 재밌는 일에 초를 치는 아이가 있어서 짜증 나요

■ 사람은 각기 다른 강점을 지녔다는 것을 이해합니다.

소담이는 "왠지 실패할 것 같아."라고 말하면서
항상 다 같이 놀 때 방해를 해요.
그런 건 해 보지 않으면 모르잖아요!
여러분에게는 여러분만의 강점이 있어요.
그렇지만, 소담이는 소담이만의 강점을
살리고 있는지도 모릅니다.
모두가 같은 강점을 지니고 있다고 단정할 수 없어요.
사람은 제각기 다른 강점을 지니고 있으니까요.
다른 사람의 강점을 인정한다면,
다양한 사람과 사이좋게 지낼 수 있고
여러분이 곤란할 때 도와줄지도 몰라요.

제 3 장 자신의 강점을 발견하여 살려 보아요

워크 주위 사람들의 강점을 찾아보아요

 전래 동화 '해님 달님'을 읽고, 엄마, 오빠, 여동생, 호랑이의 강점을 생각해 보아요.

엄마	(예) 성실함
오빠	
여동생	
호랑이	

> 강점이 여러 개 있을 수도 있어요. 동화를 꼼꼼히 읽고 생각해 보세요. 왜 그것이 강점이라고 생각하는지, 그 이유도 생각해 보세요.

2 친구나 아빠, 엄마 등 주변 사람들의 다양한 강점을 찾아보고 알려 주세요.

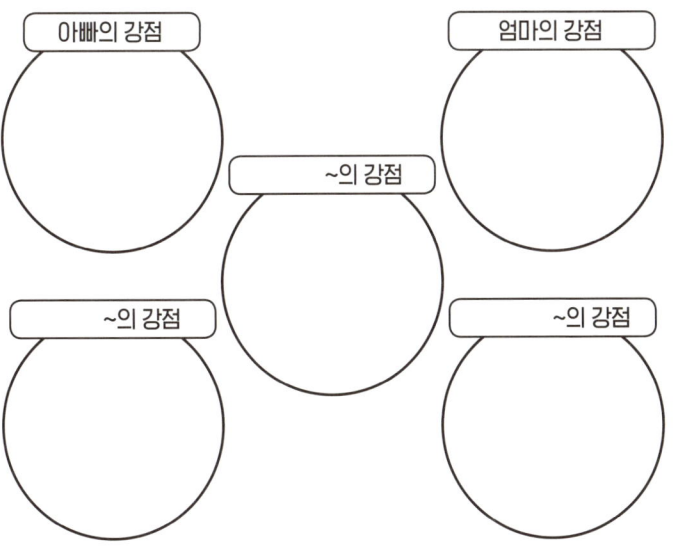

> ● 강점을 찾으면 그 자리에서 바로 알려 주세요.
> ● 방긋 웃으며 마음을 담아 알려 주세요.
> ● "멋지다!", "역시!", "훌륭해!" 등의 말을 더해 보세요.
> ● 어디가 대단한지 구체적으로 알려 주세요.
> ● 주변 사람이 여러분에게 해 줘서 기뻤던 일이 있다면, '고마움'의 마음을 담아서 말해 주세요.

 아이는 자신의 시점으로만 사물을 이해하는 경향이 있습니다. 이것을 '자기 중심성 편견'이라고 부릅니다. '모두가 나와 같지는 않다'는 점 또한 배워 나가야 할 필요가 있습니다. 먼저 어른이 주위 사람들의 강점 찾기를 하며 본보기를 제시하면, 점차 아이도 타인의 강점이 다양하다는 것을 인정할 수 있을 것입니다.

친절하게 대해 주고 싶은데 장난치고 말아요

■ 자신의 롤 모델을 찾아봅니다.

태연이랑 좀 더 사이좋게 지내고 싶어요.
그런데 저도 모르게 자꾸 장난을 치고 말아요.
고민이 있을 때는 상냥하게 들어 줘야 한다는 것도 알아요.
하지만 자꾸 반 농담으로 놀리고 태연이를 화나게 해요.
그리고 나면 항상 아쉬운 기분이 들어요.
이럴 때, 여러분이 지닌 강점을 어떻게 쓰면 좋을까요?
혼자서는 좀처럼 생각이 떠오르지 않는 경우도 많지요.
분명 다양한 사용법이 있을 테고,
여러분이 몰랐던 사용법도 있을 거예요.
여러분이 쓰고 싶은 강점을 올바르게 잘 쓰는 사람을 찾아서
그 사람을 따라 해 보는 것부터 시작해 봐요.

제 3 장   자신의 강점을 발견하여 살려 보아요

워크   강점의 롤 모델

여러분이 좀 더 잘 사용하고 싶은 강점을 한 가지 골라 보세요. 그리고 그 강점을 올바르게 잘 쓰는 사람을 찾아보는 거예요. 친구, 아빠, 엄마, 할아버지·할머니, 학교나 학원 선생님, 이웃집 아저씨나 아주머니 등 모두 다 괜찮아요. 그 사람이 어떻게 쓰는지 자세히 살펴보고 그 비결을 정리해 보세요.

> '하루에 1개 찾아보자.'나 '일주일에 1개 찾아보자.' 등 목표를 정해 놓으면 좋겠지요. 다른 강점으로도 시험해 봐요. 참고로, 노트를 하나 만들어서 메모해 두면 나중에 도움이 될 거예요. 그리고 모처럼 찾은 강점의 올바른 사용법은 꼭 스스로 해 보세요. 잘 될 때도 있고 그렇지 않을 때도 있을 거예요. 항상 '어떻게 하면 좀 더 잘할 수 있을까?'를 생각하며 실천해 봐요!

누가	(예) 친구인 주성이가
언제	(예) 짐이 많아 힘들어하는 유나를 보고
어떻게 했나요?	(예) "도와줄게."라고 말하며 함께 교실까지 짐을 들어 주었다
어떻게 되었나요?	(예) 유나는 미소 지으며 "고마워!"라고 했다
그 사람이 지닌 강점	(예) 배려심
어떤 점을 따라 하고 싶다고 느꼈나요?	

어른분들께   강점의 올바른 사용법은 배울 필요가 있습니다. 배우는 건 따라 하는 것부터 시작합니다. 우선, 본보기가 되는 사람의 모습을 잘 관찰하여, 그 속에서 아이가 따라 하고 싶은 점을 찾을 수 있도록 도와주세요. 그리고 실천할 수 있도록 격려하는 것이 중요합니다. 최종적으로 아이 스스로 생각하고, 자기만의 올바른 사용법을 고안해 낼 수 있도록 하는 것이 목표입니다.

칼럼 ❸

자신의 강점을 모두에게 인정받아 보아요

처음에는 누구나 자신에게 어떤 강점이 있는지 잘 모를 거예요. 게다가 평소엔 분위기에 휩쓸려서 장난치다가 야단맞거나, 공부나 운동이 생각만큼 잘되지 않아서 낙담하는 등, '잘 못 하는 것'에 신경이 쓰이기 마련이지요.

꼭 여러분이 '잘하는 것'에 주목해 보세요. 그리고 '왜 잘할 수 있었지?'를 생각해 주었으면 좋겠어요. 그러면, 그것을 시작으로 자신의 강점을 찾아낼 수 있을 거예요.

하지만 그것은 자신만이 깨달은 강점이죠. 모처럼 자신의 강점을 깨달았는데 주변 사람은 잘 몰라요. 게다가 주변 사람은 아는데 자신만 모르는 강점이 있을지도 모릅니다. 이런 경우는 굉장히 안타깝다는 생각이 들지 않나요? 여러분의 강점을 살릴 기회가 줄어들고 말 테니까요.

중요한 건 자신도 주위 사람도 모두가 인정해 주는 여러분의 강점을 늘려서, 올바른 사용법을 마스터하는 것이에요. 그러기 위해서는 여러분의 강점을 모두가 알아야 하고, 주변 사람의 조언도 순수하게 받아들여야 해요.

모두가 인정해 준 강점을 잘 사용하면 자신을 점점 더 좋아하게 되고, 자신감을 가질 수 있어요. 하루를 활기차게 보낼 수 있을 거예요! 여러분은 꼭 자신의 강점을 찾고, 그 강점을 올바르게 활용하여 매일매일을 즐겁게 보냈으면 해요!

제 4 장 ... 도전하는 것을 즐겨 보아요

무언가에 푹 빠져서 몰입할 때는 순식간에 시간이 지나가 버리죠.
'재미없어.', '못 할 것 같아.'라고 생각할 때는
그 짧은 시간도 지나가지 않아요.
뭔가에 몰입할 때, 여러분은 쑥쑥 성장해요.
제4장은 의욕이 없을 때 의욕을 내는 방법,
자신의 꿈을 찾아서, 그것을 이루기 위한 스텝을 찾는 방법,
그리고 그 꿈에 몰두하여
도전하는 방법을 몸에 익힐 수 있어요.

긍정 트레이닝

24 …수학 수업이 재미없어요!

■ 몰입했던 것에 주목합니다.

수학 수업은 어려워서 재미가 없어요.
빨리 쉬는 시간이 됐으면 좋겠는데.
친구와 축구를 할 때는
눈 깜빡할 새에 시간이 지나가는데…….
좋아하는 것이나 즐거운 것을 하면 '몰입'하니까
시간이 지나가는 줄도 모르죠.
시간을 잊을 정도로 몰입할 수 있다는 건 대단하고, 멋진 일이에요.
실은 거기에 여러분의 성장을 위한 실마리가 있답니다.
여러분은 언제 몰입하나요?
몰입하는 것을 찾아보아요.

제 4 장　도전하는 것을 즐겨 보아요

워크　몰입하는 나를 찾아보세요

여러분이 시간을 잊을 정도로 재밌고 푹 빠져서 했던 것을 자세하게 떠올려 보세요.

언제인가요?	
무엇을 했나요?	
어떤 표정이었나요?	
어떤 기분이었나요?	
어떤 점이 즐거웠나요?	
주변 사람이 도와주거나 조언을 해 주었나요?	
몰입한 자신을 어떻게 생각하나요?	

> TV나 게임 이외에 생각해 보아요.
> 가능한 한 많이 떠올려 보세요.
> 자신이 무엇을 할 때 몰입하는지 알 수 있을 거예요.

어른들께

뭔가에 몰두하는 체험을 '플로우 체험(몰입 체험)'이라고 합니다. 이 체험은 아이가 행위 자체를 즐기고, 난이도가 그 아이의 능력과 맞아야 합니다. 일상생활 속에서 몰입할 기회(플로우 상태)가 많고 그 시간이 길수록 행복감이나 충실감, 창조성, 생산성이 높아진다고 알려져 있습니다. TV나 게임 이외에 아이가 몰입하는 순간을 주의 깊게 관찰하고, 그 기회나 시간을 늘릴 방법을 아이와 함께 생각해 보세요.

긍정 트레이닝 25 · 어려울 것 같아요! 이런 건 못 해요

■ 부정적인 사고방식을 긍정적인 사고방식으로 바꿉니다.

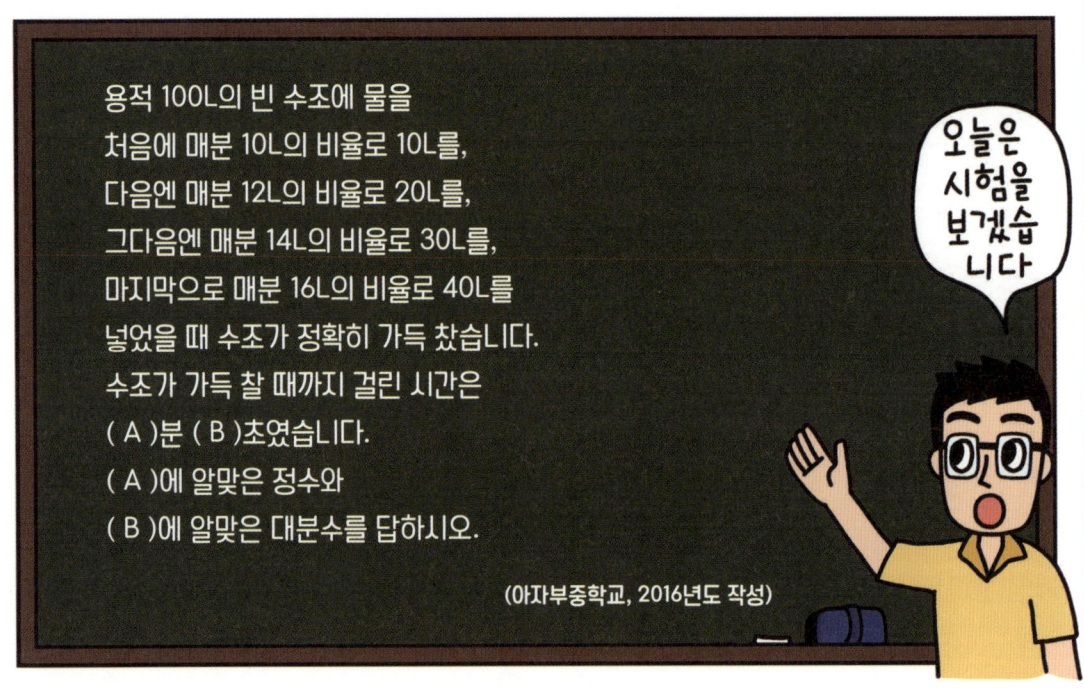

오늘 수학 시간에 갑자기 시험을?! 잘 볼 수 있을까요…….
'갑자기 시험이라니, 절대 못 풀어!'라고 악마가
부정적인 말을 속삭였어요. 하지만 귀를 잘 기울여 보니,
'분명 괜찮을 거야! 해 보자!'
라고 천사가 긍정적인 말로 응원해 주고 있었어요.
여러분에게 속삭이는 건 악마일까요? 천사일까요?
뭐든지 다 처음부터 잘하는 사람은 없습니다.
악마가 속삭이면 '할 수 없는 이유'만 떠오를 거예요.
어려운 것에 도전할 때야말로,
천사의 속삭임에 귀를 기울여서
'성공하는 방법'을 생각해 봐요.

제 4 장 도전하는 것을 즐겨 보아요

워크 악마의 속삭임·천사의 속삭임

뭐라구요?! 갑자기 수학 시간에 시험을 본다니요! 문제가 너무 어려울 것 같아요!
악마가 '부정적인 말'을, 천사가 '긍정적인 말'을 여러분에게 속삭였어요. 어떤 말이었을까요?

부정적인 말

'못 하는 이유'를 뭐라고 속삭이며 여러분을 포기시키려 할까요?

(예) 너한테는 너무 어려워.
문장 문제는 잘 못 풀지?

(예) 틀려도 괜찮아! 도전하는 보람이 있는 문제야!
우선 문제를 꼼꼼히 읽어 보자.

긍정적인 말

어떤 말을 하면 여러분은 용기와 의욕이 생길까요?

처음에 여러분의 귓가에서 속삭이는 건 악마인가요, 천사인가요?
천사인 친구는 그대로 가도 좋아요! 악마인 친구도 걱정하지 않아도 OK.
여러분의 귓가에는 분명 천사도 있어요! 천사의 속삭임을 잘 듣고, '어떻게 하면 좋을까?'
생각하고 도전해 보세요. 누군가와 함께하거나 도움을 요청하는 것도 좋은 생각이에요!

 어른분들께 사춘기에 접어들면 타인의 눈을 신경 쓰고 타인과 자신을 비교하기 시작합니다. 실패를 두려워하는 '부정적인 사고방식'은 결국 '자신의 능력에는 한계가 있다'는 인지에 이릅니다. '어려우니까 도전한다', '실패에서 배운다', '능력은 노력하는 만큼 커진다' 등 '긍정적인 사고방식'을 가질 수 있도록, 어린이의 도전과 노력에 용기를 북돋는 말이나 지원에 신경 써 주세요.

긍정 트레이닝 26
친구는 대단해요. 하지만 전 못 해요

■ 자기 효능감을 키웁니다.

여러분이 하지 못하는 거꾸로 오르기를 가볍게 하는 친구가 있으면,
'저 아이는 대단해.', '난 못 하는데.'라는 생각이 들 거예요.
새로운 것이나 어려워 보이는 것에 도전할 때
누구나 불안해하고 걱정한답니다.
그런데, 여러분은 막 태어난 아기를 본 적 있나요?
정말 작아서 말도, 서서 걷는 것도 못 하지요.
지금 여러분이 당연하게 하는 행동도 사실 성장의 결과에요.
여러분은 지금까지 많은 '됐다!'를 쌓아 온 덕분에
여기에 있는 거랍니다. 그런 '됐다!'의 추억을 적어 보아요.
그것이 앞으로 '할 수 있어!' 파워가 될 거예요.

제 4 장   도전하는 것을 즐겨 보아요

워크 '할 수 있어!' 파워의 발견

1 초등학생이 되고 나서 할 수 있게 된 것을 떠올려 보고 적어 보세요.

(예) 한글을 쓸 수 있게 되었다 / 뜀틀을 뛸 수 있게 되었다 / 친구가 많이 생겼다

_____

_____

_____

> 그 어떤 작은 일이라도 괜찮아요!
> 주위 친구와 비교하는 것이 아니라,
> '얼마 전까지 못 했는데 지금은
> 할 수 있게 된 것'을 적어 보세요.

2 할 수 있게 되어서, 무언가 바뀐 점이나 좋았던 점을 적어 보세요.

_____

_____

워크 '할 수 있어!' 파워 업 대작전

자신의 손 모양을 그려서 일주일 동안 열심히 해 보려고 한 것을,
손가락 5개에 하나씩 적어 보아요. 성공했다면 선생님이나 아빠·엄마와 하이파이브!
(예) 숙제를 잊지 않고 한다

어른분들께 작은 성공 체험을 쌓는 것이 '나는 하면 할 수 있다'고 생각하는 힘(=자기 효능감)을 키울 수 있습니다. 워크 ①을 어려워할 경우, "1학년 때는 못 했지만, 3학년이 되고 나서 할 수 있게 된 것은?" 등 아이가 구체적으로 떠올릴 수 있도록 말을 걸어 주세요. 다른 아이와 비교하는 것이 아니라, 그 아이의 성장에 확실하게 주목해 주세요.

지금이 즐거우면 그걸로 된 거죠?

■ 최고가 된 자신을 떠올려 봅니다.

게임을 하거나 만화책을 읽을 때가 제일 즐거워요!
매일 게임만 하고 싶고, 더 많이 만화책을 읽고 싶어요.
왜 공부를 해야 하는 걸까요…….
여러분은 자신의 미래에 대해서 생각해 본 적 있나요?
어떤 어른이 되고, 어떤 일을 하고 있을까요?
미래의 꿈이나 '되고 싶은 자신'을 그려 본다면
목표가 생겨서, 기운이 나기도 하고 행복한 기분이 들기도 합니다.
꿈을 이룬 자신을 떠올려 보세요.
만약 꿈을 이룬 자신에게 조언을 듣는다면
어떤 조언을 받을 수 있을까요?
부끄러워하지 말고 마음껏, 꿈을 이룬 자신을 그려 보아요!

제 4 장   도전하는 것을 즐겨 보아요

 워크 자신의 꿈 발견!

1 꿈을 이룬 여러분의 모습을 상상해 보세요.

> 뭐든지 생각한 대로 척척 진행되어 여러분의 꿈이 이루어졌을 때를 상상해 보세요.

꿈을 이룬 나의 모습	(예) 세계 제일의 곤충 박사!
어떤 장소에서 살고 있나요?	(예) 자연이 풍부해서 곤충을 바로 발견할 수 있는 장소
어떤 사람들을 웃게 하고 있을까요?	(예) 곤충을 좋아하는 사람들에게 곤충의 흥미로움을 전하고 있다
어떤 생활을 보내고 있을까요?	(예) 주말은 곤충을 찾으며 보낸다
어떤 자신이 되어 있을까요?	(예) 곤충이 사는 숲이나 자연을 소중히 하는 사람

2 꿈을 이룬 미래의 '나'가 지금의 '나'에게 조언해 주었어요! 어떤 조언이었을까요? 가능한 한 구체적으로 적어 보세요.

(예) 모르는 곤충을 발견하면 스케치하거나 표본을 만들어 봐.

_____

_____

_____

_____

> 꿈을 이룬 여러분은 지금의 여러분에게, 어떤 도전이나 노력을 하면 좋을지 말해 주겠지요? 어떻게 용기를 줄까요? 꿈을 이룬 여러분이 되어 편지를 써 보는 것도 좋아요.

 아이는 '미래'를 떠올리기 어렵습니다. 하지만 '최고가 된 나'를 선명하게 그릴 수 있으면, 인생에서의 우선순위와 목표가 명확해지고 낙관성과 행복감이 올라간다고 합니다. "어떻게 하면 더 행복할 수 있을 것 같아?", "예를 들면?", "다른 건?", "미래의 넌 지금의 너와 어떻게 다를까?" 등, 아이가 자신의 이상적인 모습을 구체적으로 떠올릴 수 있도록 많은 질문을 던져 주세요.

꿈이 있어도 어떻게 이루어야 할지 모르겠어요

■ 목표를 구체화·세분화합니다.

여러분의 꿈은, 탑 아이돌? 대통령?
아니면 메이저리거? 어떤 꿈이라도 가질 수 있어요.
그렇지만 꿈은 이루어지지 않는다면 그저 꿈.
꿈은 크면 클수록 이루기 어렵습니다.
꿈을 이루는 방법을 모른다면
모처럼 가진 꿈도 시들해지고 의욕도 없어질 거예요.
우선 꿈을 향해 작은 목표를 세워 보세요.
그리고 그것을 한 개씩 달성해 나가는 거예요.
꿈은 그 끝에 있는 가장 큰 목표입니다.
'조금 어렵지만, 노력하면 할 수 있을 것' 같은
목표를 세우는 게 요령이랍니다!

제 4 장   도전하는 것을 즐겨 보아요

워크   꿈 달성 로드맵

① 여러분이 3년 후쯤 이루고 싶은 꿈(=가장 큰 목표)을 적어 보세요.
② ①에 적은 꿈을 <그림 A>의 가운데 동그라미에 적어 넣어 보세요.
   그 꿈을 이루기 위해 중요하다고 생각하는 것을 <그림 A>의 ①~④에 적어 보세요.
③ ②에서 적은 것을 달성하기 위해서, 나아가 어떻게 하면 좋을까요?
   <그림 A>의 ①에 적은 것을 <그림 B>의 가운데 동그라미에 적어 넣어 보세요.
   그것을 달성하기 위해서 중요하다고 생각하는 것을 <그림 B>의 ①, ②에 적어 보세요.
④ <그림 C>~<그림 E>에도 ②, ③과 같이 적어 보세요.

(예) 댄스 전국 대회에서 우승한다

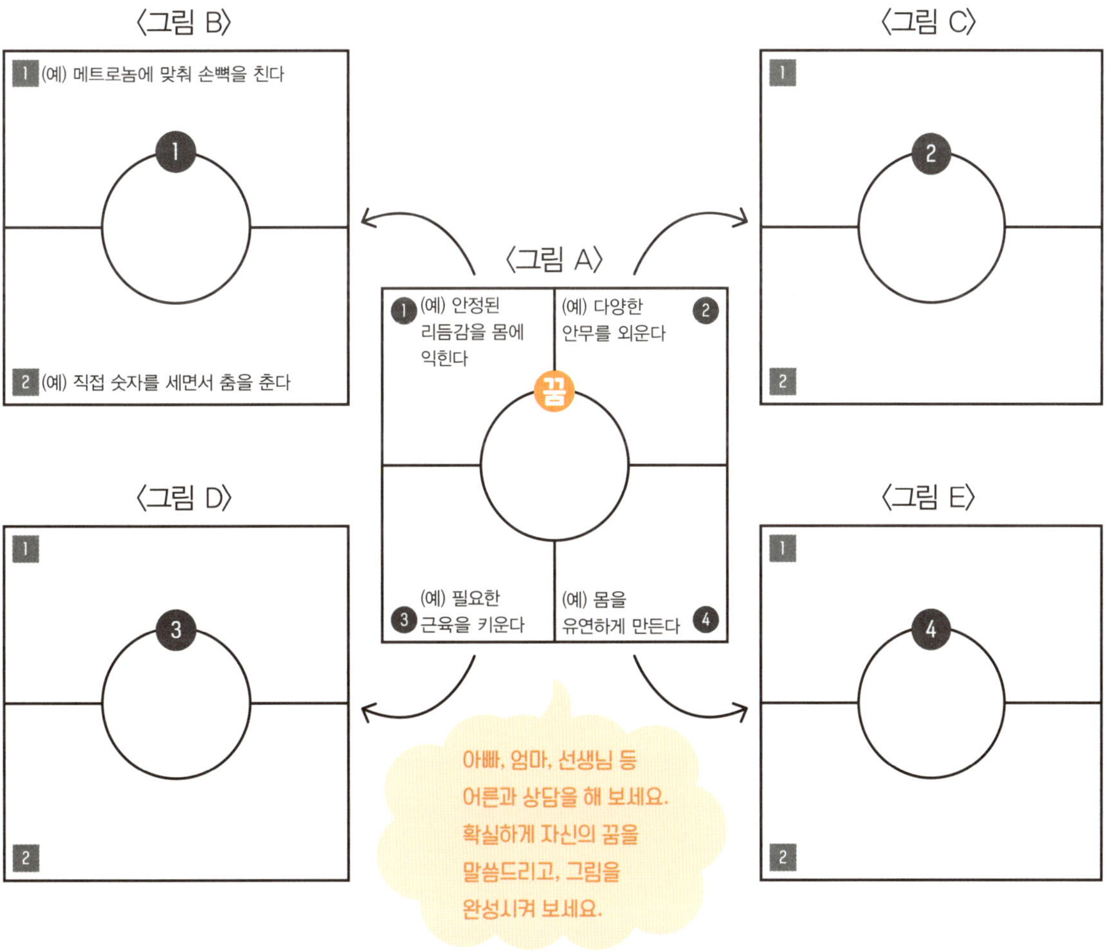

<그림 B>
① (예) 메트로놈에 맞춰 손뼉을 친다
② (예) 직접 숫자를 세면서 춤을 춘다

<그림 A>
① (예) 안정된 리듬감을 몸에 익힌다
② (예) 다양한 안무를 외운다
③ (예) 필요한 근육을 키운다
④ (예) 몸을 유연하게 만든다

<그림 C>

<그림 D>

<그림 E>

아빠, 엄마, 선생님 등 어른과 상담을 해 보세요. 확실하게 자신의 꿈을 말씀드리고, 그림을 완성시켜 보세요.

목표는 높고 클수록 좋다고 생각하시는 분들이 많이 계시지만, 실제로는 자신의 능력보다 약간 높은 정도의 목표를 세워서, 도전을 반복하는 것이 좋은 결과를 얻을 수 있습니다. "꿈을 달성하기 위해 뭘 하면 될까?", "그것을 이루기 위해서 어떻게 하면 좋을까?" 등 아이에게 질문하면서 목표를 점점 세밀하고 명확하게 구체화하고, '조금 어렵지만, 노력하면 할 수 있을 것 같아'라고 아이가 느낄 수 있는 정도의 목표로 이끌어 주세요.

아무리 해도 의욕이 없어요

■ 외발적 동기 부여를 잘 다룹니다.

여름 방학 숙제가 많이 남았지만 하기 싫어…….
해야 한다는 건 알지만, 좀 더 놀고 싶어.
오늘치 분량은 내일 해도 되겠지……?
그렇게 생각하는 사이에 여름 방학도 곧 끝날 거예요. 그럼 큰일이죠!
그렇게 됐을 때 곤란한 건 여러분이겠죠?
야구 선수인 이치로 선수는 유효타를 치기 위해서
항상 같은 동작을 하고 나서 타석에 들어간다고 해요.
여러분도 귀찮은 것을 해야 할 때는
자신만의 '약속'을 먼저 하고 나서 해 보세요.
그것이 여러분의 '의욕 스위치'가 될 거예요!
처음엔 조금씩이어도 괜찮으니까 꾸준히 하는 게 중요해요.

제 4 장 도전하는 것을 즐겨 보아요

워크   '의욕 스위치'로 습관 만들기

① '하기 싫지만, 꼭 해야 하는 것'을 한 가지 적어 보세요.

② 여러분만의 '의욕 스위치'를 만들어 봐요.

시간을 정해요	(예) 매일 오후 5시부터 30분 동안 한다
장소를 정해요	(예) 거실 책상에서 한다, 내 방에서 한다
범위를 정해요	(예) 매일 학습지 2페이지를 한다
반드시 가장 먼저 할 것을 정해요	(예) 연필을 깎는다
다 끝난 후 받을 보상을 정해요	(예) 30분 동안 만화책을 읽는다

③ ②에서 만든 '의욕 스위치'로 ①을 해 보아요. 끝나면 자신에게 보상을 주세요.

 의욕 스위치란, 당근(=보상)과 채찍(=벌)을 원리로 한 외발적 동기 부여에 의한 습관 만들기입니다. 모든 것이 예상대로 되지 않더라도, 노력한 것은 확실히 인정하고, 그만큼의 당근을 줍니다. 물질적인 보상보다는 가능하면 정신적인 보상(노력을 인정해 주는 등)이 바람직하지만, 노력하면 바로 보상이 되어 돌아오도록 하는 것이 의욕 스위치를 제대로 활용하는 포인트입니다.

30 열심히 하는데 뭘 해도 잘되지 않아요

■ 해결 지향적 발상을 몸에 익힙니다.

'챙기는 거 잊지 말자!' 하고 가방을 쌌는데,
결국, 집 현관에 두고 와서 선생님께 혼났어요……
저는 왜 자꾸 잊어버리는 걸까요? 뭘 잘못했을까요?
제가 제대로 못 하니까 안되는 거겠죠?
분명 '나는 절대 못 할 거야.'라는 생각이 들겠지요.
하지만 그렇게 자신을 나무라는 건 멈추고,
'어떻게 하면 준비물을 잊지 않고 잘 챙길 수 있을까'를 생각해 보세요.
항상 준비물을 깜빡하는 건 아니지요?
준비물을 잘 챙겼을 때, 여러분은 어떻게 했나요?
좀 더 준비물을 잊지 않고 잘 챙기기 위해서 무엇을 할 수 있을 것 같나요?
우선 다양한 아이디어를 내 보아요.

제4장 도전하는 것을 즐겨 보아요

워크　○○○○로 난처한 일을 해결!

1　여러분이 현재 잘되지 않아 난처한 것은 무엇인가요? 앞으로 어떻게 되면 좋을까요?

● 잘되지 않아 난처해하고 있는 것

> (예) 준비물을 잊어버리는 일이 많아서 선생님께 혼났다.

● 앞으로 어떻게 되면 좋을까요?

> (예) 선생님께 "이제 준비물 잘 챙기는구나."라고 칭찬받고 싶다.

2　'이렇게 되면 좋겠다'에 다가가는 방법을 생각해 보아요.

● 어떻게 하면 좋을지, 생각나는 대로 적어 보세요.

(예) 준비물 체크 리스트를 만든다.

_____

_____

_____

_____

_____

> 아빠, 엄마, 친구 등에게 아이디어를 받아 보세요.

● 위에 적은 것 중에서 어느 것부터 하면 좋을지 생각하고 골라 보세요.

> (예) 우선, 준비물 체크 리스트를 만드는 것부터 시작한다!

어른분들께　문제에 사로잡히면, 초조해지거나 낙담하여 해결 지향적으로 생각을 바꾸는 것이 어려워집니다. 어른에게는 사소한 문제일지라도 아이에게는 심각한 것일 수 있습니다. 해결책을 함께 고민하면서, 본인이 자신의 힘으로 깨닫고 해결을 향해 전진할 수 있도록 지원해 주세요. 그 경험이 쌓여서 해결 지향적 발상을 할 수 있게 됩니다.

칼럼 ④

'즐기는 마음'을 잊지 말아요

학문, 스포츠, 음악에서 무언가로 일류 프로가 되기 위해서는, '10년 동안 1만 시간'의 공부나 훈련이 필요하다고 하지요. 하루 약 3시간! 게다가 그것을 10년간 쉬지 않고 계속해야 한다니, 정말 정신이 아찔합니다! 다들 어떻게 그렇게 열심히 할 수 있는 걸까요? 이유는 간단해요. '좋아하니까', '즐거우니까'죠. 물론 생각처럼 잘되지 않을 때도 있고 실패할 때도 있어요. 힘들거나 분한 일도 있을 거예요.

하지만, 그럴 때도 '즐기는 마음'은 잊지 않아요. 그리고 목표를 달성하는 기쁨과 보람을 느끼며 그것을 기뻐해 주는 주위 사람들의 미소를 보면, '한 번만 더!', '조금만 더!'라는 마음이 신기하게도 일어나는 거예요. '힘들어도 즐거워!'라는 느낌일까요?

하루에 3시간은 굉장히 길지만, 시간이 흐르는 것도 모를 정도로 몰두하는 것이라면 어떨까요? 눈 깜짝할 사이에 지나가 버리니까 의외로 짧게 느껴지지 않을까요? 언제나 '즐기는 마음'을 잊지 않고 '어떻게 하면 좀 더 재밌게 할까?', '다른 좋은 방법은 없을까?' 하는 생각을 해 보면 할 수 있을 것 같지 않나요? 괴로운 것도 힘든 것도, 실패조차도 전부 즐기는 거예요!

하루는 24시간밖에 없어요. 그렇지만 재밌는 일은 세상에 많이 있답니다.

여러분은 어떤 것을 해 보고 싶나요? 자, '힘들어도 즐거워!' 도전 여행을 떠나요!

제 5 장 멋진 인간관계를 만들어 봐요

행복한 인생을 보내기 위해서
주변 사람과 좋은 관계를 만드는 것이 중요합니다.
'어차피 난 외톨이야'라고 생각하면 괴롭지만,
따뜻한 가족이나 진정한 친구가 있다면
어떻게든 극복할 수 있을 거예요.
싸울 때도 있지만, 더욱더 사이좋게 지내는 방법도 있습니다.
제5장은 자신을 지탱해 주는 사람들을 찾아보고
그 사람들과 멋진 인간관계를 만드는 방법을 익힐 수 있어요.

…어차피 내 편은 없어요

■ 자신을 지탱해 주는 사람들의 존재를 깨닫습니다.

친구와 크게 싸웠어요.
같이 노는 친구들도 제 편을 들어 주지 않았어요.
왠지 외톨이가 된 기분…….
'왜 맨날 나만?', '아무도 알아주지 않아!'
라고 생각한 적 없나요?
그래도 말이죠, 그럴 때도 여러분 곁에는
함께 슬퍼하고 걱정해 주는 사람들이 있어요.
항상 너무 당연해서 생각한 적 없을지도 모르지만,
여러분의 곁에는 여러분을 응원해 주는 사람들이 많답니다.
'외톨이가 아니라는 것'을 깨닫게 되면
왠지 마음이 따뜻해질 거예요.

제 5 장 멋진 인간관계를 만들어 봐요

워크 나의 응원단

여러분을 응원해 주는 사람들을 생각해 보고 적어 주세요. 동그라미 중심에는
자신의 초상화를 그려 보세요.

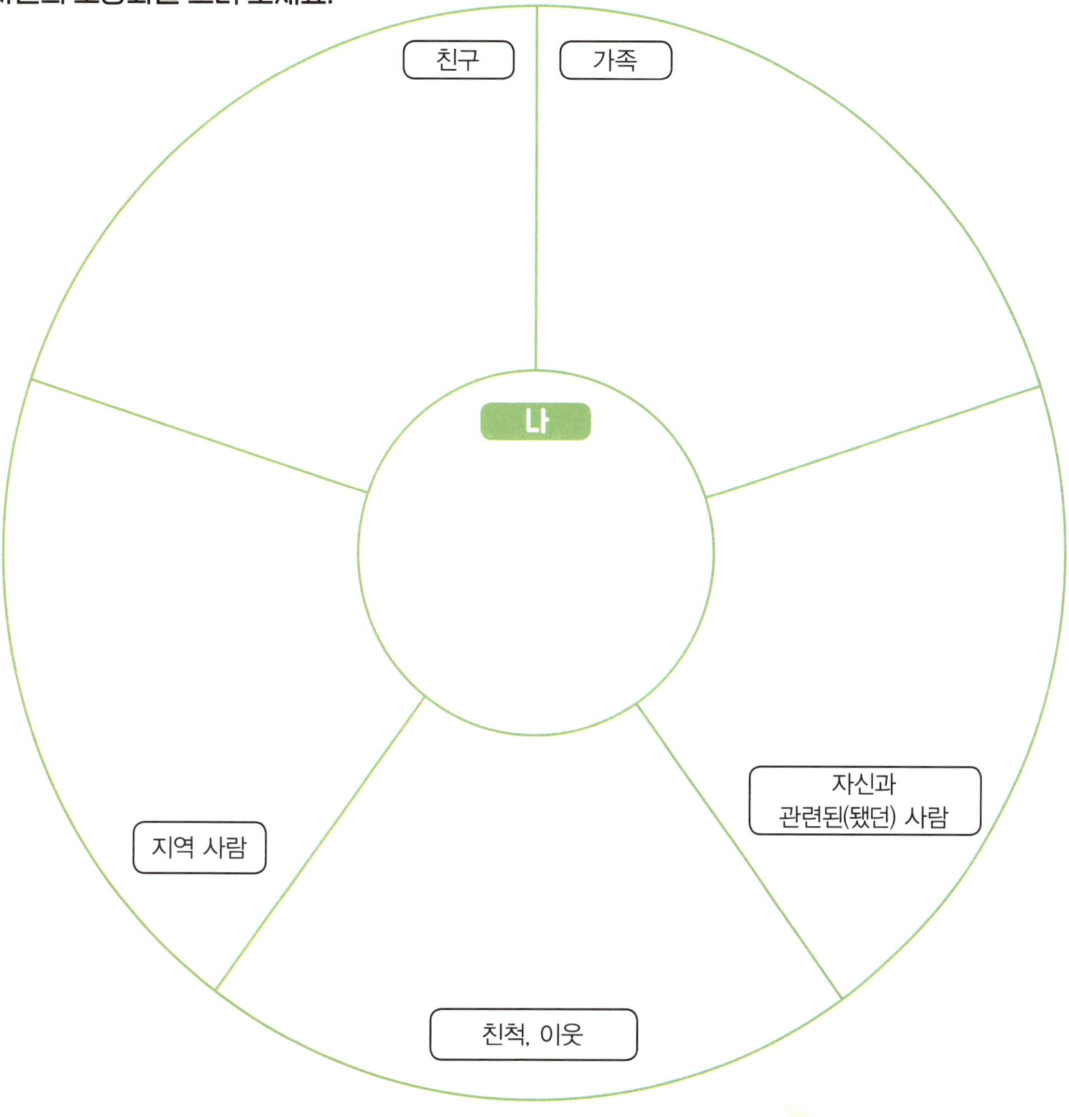

- 친구
- 가족
- 나
- 자신과 관련된(됐던) 사람
- 친척, 이웃
- 지역 사람

> 응원해 주는 사람 같은 건 없다고 생각하는 여러분. 그건 정말인가요?
> 매일 밥은 누가 차려 주시나요? 거리의 안전을 지켜 주시는 건 누구일까요?
> 곤란에 처했을 때 상담해 주는 사람은 누구인가요? 조금이든 많든 괜찮아요.
> 여러분이 생각하기에 소중한 사람이나 여러분을 지탱해 주는
> 사람들의 이름을 적어 보세요.

어른분들께: 가까이에서 따뜻하게 대해 주고 신뢰할 수 있는 사람과의 관계는 인생을 풍요롭게 할 뿐 아니라, 곤란이나 역경에서 다시 일어날 때도 중요하다는 것을 알고 계시지요? 다양한 사람들이 자신을 응원해 준다는 것을 깨달음으로써 그 관계를 느낄 수 있습니다. 자신을 지탱해 주는 사람이 없다고 생각하는 아이에게는, 그 기분을 받아들여 주면서 지역이나 학교 등에서 받쳐 주는 사람의 존재에 눈을 돌릴 수 있도록 물어봐 주세요.

77

"고마워."라는 말을 듣고 정말 기뻤어요!

■ 감사의 마음에 대해 이해합니다.

얼마 전, 심부름으로 쓰레기를 버리고 왔더니
엄마께서 "고마워!"라고 말씀해 주셔서 정말 기뻤어요.
버스에서 내릴 때
운전 기사님께 "고맙습니다."라고 했더니,
운전 기사님도 미소로 답해 주셨어요. 저도 방긋 웃었어요.
"고마워."라고 말하거나
듣는 건 여러분을 행복하게 하지요.
상대방이 친절하게 대해 주거나 기쁘게 해 주었다면
여러분도 "고마워요."라고 감사의 마음을 전해 보아요.
"고마워요."는 여러분도, 주위 사람도 행복하게 만들어,
좀 더 사이가 좋아지는 '인연의 마법'을 걸어 준답니다.

제 5 장　멋진 인간관계를 만들어 봐요

워크　"고마워요." 편지

1 "고마워요."를 전하고 싶은 사람에게 편지를 써 보아요.

> 어떤 것이 기뻤나요?
> 어떤 것이 여러분에게
> 도움이 되었나요?

2 마음을 담아 쓴 "고마워요." 편지를 그 사람 앞에서 천천히 읽어 보아요.

> 여러분은 어떤 기분이 들까요?
> 그 사람은 어떤 반응을 보일까요?

어른분들께　심리학자 소냐 류보머스키 박사는 감사의 마음은 부정적인 감정이 생기는 것을 막아, 자존심을 높이거나 인간관계를 키우고, 바람직하지 않은 사회적 비교를 하는 경향을 줄이는 등 결과적으로 행복감을 높인다고 말했습니다. 또한, 감사의 마음은 자신을 지탱해 주는 사람이 있다는 것을 알려 줍니다. 양호한 인간관계를 구축하여 행복한 인생을 보내기 위해서는 감사의 마음을 빼놓을 수 없습니다.

33 친절하게 대해 주면 왠지 저도 친절해지고 싶어요

■ 친절은 연쇄하는 것을 이해합니다.

짝꿍인 소라가 지우개를 놓고 와서 곤란한 것 같아요.
잠깐 망설였지만, "이거 써도 돼."라고 말하며 빌려주었어요.
소라는 "고마워!"라고 말해 줬어요.
다음 날, 이번엔 제가 빨간 펜을 놓고 왔어요.
난감해하고 있는데, 소라가 "이거 써." 하고 말하며
빨간 펜을 빌려주었어요.
누군가에게 도움이 되길 바라며
그 사람을 위해 행동하는 것을 '친절'이라고 해요.
용기를 내서 처음에 여러분이 누군가에게 친절하게 대하면
그 사람은 여러분이나 다른 누군가에게 친절을 돌려줄 거예요.

워크 　친절의 부메랑

다음 만화를 읽고 생각해 보아요.

① 친절을 베푼 사람은 어떤 기분이었을 것 같나요?
② 친절을 받은 사람은 어떤 기분이었을 것 같나요?
③ 어째서 '친절 부메랑'이라는 이름이 붙여졌을까요?
④ 위 그림을 보고 여러분은 앞으로 어떻게 하고 싶은가요?
⑤ 친구나 가족, 이웃 사람들에게 어떤 친절을 베풀 수 있을까요? 할 수 있는 것을 해 봐요.

어른분들께 　다른 사람에게 친절하게 해 주면 상대방의 행복감을 높이고, 친절을 베푼 본인의 행복감도 높아집니다. 친절은 서로에게 긍정적인 영향이 있기 때문이지요. 또한, 누군가에게 친절을 받으면 그 친절을 다른 사람에게 환원하고 싶은 마음이 싹트고, 그것이 결과적으로 사회적 관계를 키우는 것으로 발전합니다. 어떤 작은 친절이더라도 그것을 베푼 아이에게 말을 걸어, 주위를 행복하게 만들고 있다는 것을 알려 줍시다.

긍정 트레이닝

34 친구가 굉장히 기쁜 듯 말을 걸었어요

■ 능동적이고 건설적인 반응을 합니다.

같은 반 친구인 소율이에게 놀이동산에 갔던 얘기를 했더니
"재밌었겠다! 어떤 거 탔어?"
라고 물어봐 줘서 신나게 놀이동산에 다녀온 얘기를 했어요!
기쁜 일이나 잘한 일이 있을 때
빨리 누군가에게 얘기하고 싶어지죠?
기쁜 일을 얘기할 때는 굉장히 가슴이 두근두근하지요?
상대방도 함께 두근두근하면 더욱 기뻐지지요?!
친구나 가족이 즐거운 듯 얘기를 해 줄 때는
함께 두근두근하며 더욱 즐겁게 이야기해 봐요!

제 5 장 멋진 인간관계를 만들어 봐요

> **워크** 더욱 친해지는 '두근두근 반응'은 어떤 것일까요?

친구가 기쁜 얼굴로 말을 걸어 왔어요.
얘기가 가장 활발해질 것 같은 '두근두근 반응'은 어떤 것일까요?

이번에 디즈니랜드에 가기로 했어!

두근두근!	"잘됐네! 좋겠다! 디즈니랜드에서 뭐 할 거야?"라고 관심을 보이며 웃는 얼굴로 두근두근하며 듣는다.
기운 없음	"아~. 좋겠네."라고 무표정으로 집중하지 않으며 듣는다.
흥 깨기	"디즈니 같은 걸로 좋아하는 거야? 거기 하나도 재미없잖아."라고 기쁜 일을 비판하는 반응을 한다.
모른 척	"그건 그렇고, 어제 부모님이 새로운 게임기 사 주셨어!"라고 상대방의 얘기와는 전혀 상관없는 얘기를 하거나 다른 장소로 가 버린다.

> **워크** '두근두근 반응'의 3 스텝을 마스터해 보아요

친구가 기쁜 일에 관해 얘기한다면……

스텝 1 받아들여요	잘됐네! 좋겠다! 라고 말해 보세요.
스텝 2 상상해요	상대방의 기쁜 마음을 상상하며 표현해 보세요.
스텝 3 질문해요	질문을 해 보세요.

어제 축구 시합에서 골을 넣었어!

어떤 얼굴로 말하면 좋을까요? 얼굴을 그려 보세요.

 어른분들께 상대방에게 긍정적인 소식을 들었을 때, 그 소식을 수용하고 능동적, 건설적으로 반응(두근두근 반응)하여, 상대방과의 양호한 인간관계를 구축할 수 있습니다. 또한, '두근두근 반응'을 할 때마다 그 관계가 점점 강해집니다. 우선은 어른들이 아이의 이야기에 '두근두근 반응'을 보여줌으로써 아이에게 그 효과를 전달합니다.

친구와 사고방식, 취향이 너무 달라요

■ 각자의 같은 점·다른 점을 찾아봅니다.

오늘은 날씨가 정말 좋아요! 밖에서 놀고 싶어요!
하지만, 수민이는 책을 읽고 싶대요.
왠지 이상해요!
친구와 여러분은 외모도 성격도 달라요.
좋아하는 일이나 좋아하는 것도 달라요.
잘하는 것과 어려워하는 것도 다르지요.
언제 얼마나 기쁜지, 슬픈지도 다를 거예요.
어느 쪽이 좋다·나쁘다, 옳다·틀리다로 나눌 수 있는 것이 아니에요.
모두 각각 달라도 괜찮아요.
다르다는 건 멋진 일이니까요.

제 5 장 멋진 인간관계를 만들어 봐요

워크 | 같은 점 찾기·다른 점 찾기

3인 1조가 되어 여러분과 친구의 같은 점·다른 점을 찾아보세요.
같은 점은 동그라미가 겹쳐진 부분에, 다른 점은 각각의 원에 그려 보세요.

- 2개의 원이 겹친 곳 = 두 사람이 같은 점
- 3개의 원이 겹친 곳 = 세 사람 모두 같은 점

내 이름

친구의 생김새를 천천히 살펴보세요. 머리 모양은? 안경은? 옷은 어떤가요?

겉으로는 알 수 없는 것도 질문해 봐요! 좋아하는 음식은? 태어난 곳은? 잘하는 것은? 휴일은 뭘 하는지 등 물어보세요.

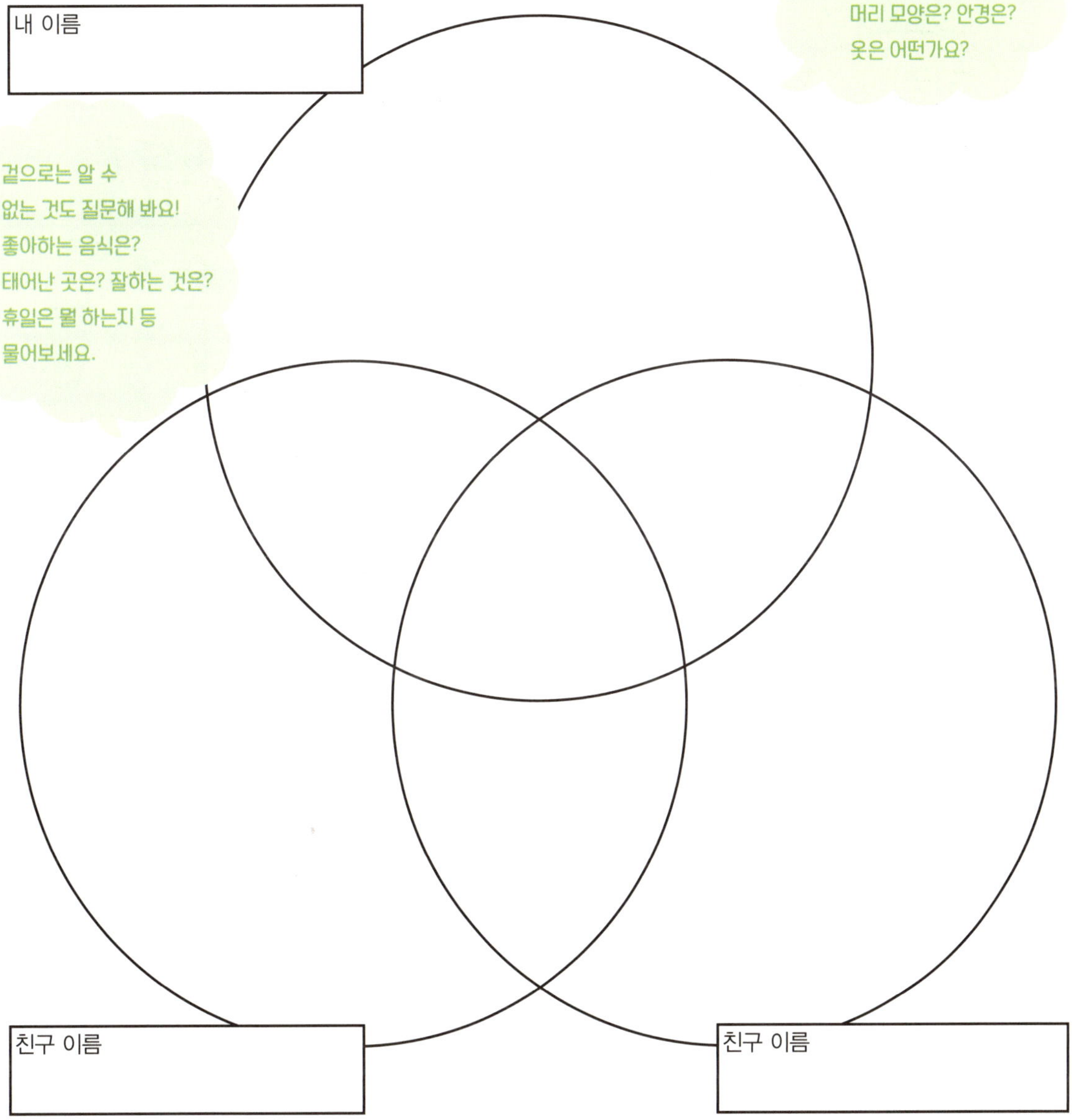

친구 이름

친구 이름

타인이 자신과는 다른 가치관이나 생각을 지니고 있다는 것, 다름은 존중해야 한다는 것을 배웁니다. 가령 마음에 들지 않는 사람이 있다 해도, 그 다름을 존중하고 공존해야 할 때도 있습니다. 각자의 다름을 존중하기 위해서, 타인과 자신은 같은 점과 다른 점이 있다는 것을 이해하는 것이 첫걸음입니다.

긍정 트레이닝 36 · 또 술래가 되었어요······ 꼭 참아야 하나요?

■ 싫은 일이 생겼을 때 마음의 반응을 이해합니다.

재미있긴 하지만, 항상 친구들이 "네가 술래지?"라고 정해 버려요.
항상 술래라니, 사실은 너무 싫어요.
그렇지만 친구니까 참아야 할까요?
아니면 "맨날 나만 술래하는 건 싫어! 네가 해!"
하고 강하게 되받아치는 게 좋을까요?
하지만, 그러면 싸울 것 같아요.
기분 나쁜 말을 듣거나, 기분 나쁜 일을 당했을 때
상대방은 어떤 기분일까, 어떤 식으로 생각할지를 이해하고
어떻게 하면 서로가 기분을 상하지 않고 해결될지,
어떻게 하면 서로가 행복해지는지 생각해 보는 것이 중요해요.

제 5 장　멋진 인간관계를 만들어 봐요

워크　기분 나쁜 일이 있을 때의 반응 3가지 타입

● 상어 타입　　　　● 조개 타입　　　　● 돌고래 타입

> 어떻게 되든 내 생각대로 할 거야!

> 네 말대로 할게. 싸우기도 싫고.

> 서로가 행복해지는 방법을 함께 찾아보자.

 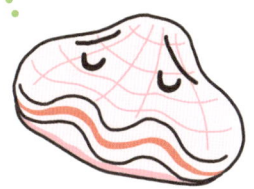 

다른 사람을 상처 줘서라도 자기 생각대로 하려고 해요.

친구를 잃고 싶지도 않고, 싸우기도 싫으니까 자기 생각을 표현하지 않아요.

서로에게 좋은 방법으로 해결하려고 해요.

> 술래 싫어, 네가 해!!

> 또 술래가 됐어. 싫지만 어쩔 수 없지.

> 술래는 가위바위보로 정하자.

● 어떤 타입이면 모두가 행복해질 것 같나요?

[　　　　　　　] ~ 타입이라면 모두가 행복해질 것 같아요.

왜냐면, [　　　　　　　　　　　　　　　　　　] ~ 이니까요.

 아이끼리 다투는 일은 일상적으로 일어납니다. 대부분은 자기 생각대로 되지 않거나 의견이 달라서 화가 나는 등, 이러한 것들이 싸움으로 발전합니다. 공격적인 상대방을 말로 꺾으려 하거나, 반대로 아무 말도 하지 않고 상대방에게 맞추기도 합니다. 문제를 잘 해결하기 위해서는 서로의 의견이나 생각을 이해하면, 모두가 만족할 해결책을 찾을 수 있다는 것을 알려 주세요.

친구와 싸웠을 때 어떻게 하면 화해할 수 있을까요?

■ Win-Win 해결법으로 의견의 차이를 극복합니다.

싸웠을 때, 여러분은 어떤 타입인가요?
돌고래 타입? 조개 타입? 아니면 상어 타입?
친구와 크게 다투면 화도 나고, 슬퍼지기도 하고, 불안하기도 해요.
'이젠 친구도 아니야, 정말 싫어.'라고 생각할지도 몰라요.
어떻게 하면 화해할 수 있을까요?
여러분의 의견도, 상대방의 의견도 소중히 하여
서로가 행복해지는 해결 방법을 찾아보아요.
그것을 'Win-Win 해결법'이라고 해요.
말다툼이나 싸움을 잘 극복한다면
더욱 사이가 좋아질 거예요!

제 5 장 멋진 인간관계를 만들어 봐요

워크 'Win-Win 해결법' 미로

싸움 발생! 어떻게 하면 서로가 행복해질 수 있을까요?
미로를 더듬어 가며 'Win-Win 해결법'에 도달해 봐요!

출발

친구와 싸울 때, 어떻게 하나요?
- 소리를 지르며 내 뜻대로 하려고 해요.
- 묵묵히 상대방을 따라요.
- 심호흡하고 진정해요.

상대방이 어떻게 하고 싶은지를
- 확실히 들어요.
- 듣는 척을 해요.
- 그런 거 못 해요!

자신이 어떻게 하고 싶은지를
- '말해도 어쩔 수 없어'라고 생각해 말하지 않아요.
- 차분히 말해요.

실패! 다시 한번 생각해 봐요!

그 후에 어떻게 할까요?
- 상대방의 생각과 내 생각을 합쳐서 어떻게 하면 좋을지 생각해요.
- 내 생각을 굽히지 않아요.

실패! 다시 한번 생각해 봐요!

생각해 봤지만, 어떻게 하면 좋을지 잘 모르겠을 때는 어떻게 할까요?
- 주위 어른에게 상담해요.
- 포기해요.

모두가 행복! Win-Win 해결

① 싸울 때, 우선 '스톱!'이라고 말하고 심호흡을 하세요.
② '상대방의 기분'과 '어떻게 하고 싶은지' 상대방의 말을 들어 보세요.
③ '자신의 기분'과 '어떻게 하고 싶은지'를 상대방에게 전해 보세요.
④ 서로가 수긍할 수 있는 해결법을 찾아보세요.
⑤ 아무리 해도 못 찾겠을 때는, 주위 어른에게 상담하세요.

어른분들께

서로가 수긍할 수 있는 해결책을 찾아내는 것은 어른에게도 어려운 일입니다. 의식하지 않으면 상대방의 입장을 이해하는 건 어렵기 때문입니다. 하지만, 분쟁을 해결하고 좋은 관계성을 쌓기 위해 타인을 이해하는 것은 필수입니다. 상대방이 어떻게 생각하고, 왜 그렇게 생각했는지, 상대방의 입장에 서서 생각할 수 있도록 도와주세요.

절대 용서 못 해요! 복수하고 싶어요!

■ 용서의 의의를 이해하고, 기술을 익힙니다.

누가 소중히 하던 것을 부쉈을 때, 못된 장난을 쳤을 때,
약속을 깼을 때…….
'절대 용서 못 해!'라는 기분이 들었던 적이 있나요?
어쩌면 상대방에게 복수하고 싶었을지도 몰라요.
하지만, 계속 그런 기분으로 있으면 피곤해져요.
어느 정도 시간이 지났다면, '이제 용서해 줄까……'라고 생각해 보세요.
바로 하는 건 어려울 수도 있어요.
하지만 용서한다는 것은 상대방이 한 일을 인정한다는 뜻이 아니에요.
상대방이 한 일을 잊는다는 뜻도 아닙니다.
'용서 못 해!', '복수할 거야.'라는 마음을
계속 품고 있지 않겠다는 걸, 자기 자신이 정하는 거예요.

제 5 장　멋진 인간관계를 만들어 봐요

> **워크**　용서받았을 때를 떠올려 보세요

누군가에게 용서받았을 때의 일을 떠올려 보세요.
① 누가 용서해 주었나요?
② 용서해 주었을 때, 여러분은 어떤 기분이 들었나요?
③ 용서해 준 사람과는 화해했나요?

> **워크**　'용서 못 해!'의 풍선, 날아가라!

상상해 보세요.
① 눈앞에 아직 불지 않은 풍선이 있어요. 그 풍선에는 끈이 달려 있는데, 여러분의 마음과 이어져 있답니다.
② '절대로 용서 못 해!'라고 생각했던 때, 여러분이 어떻게 느꼈는지 자세히 떠올려 보세요. 그 기분을 풍선 속에 점점 불어 넣어 보아요.
③ 여러분의 기분으로 풍선이 빵빵하게 부풀어 올랐다면, 끈을 싹둑 잘라 보세요.
④ 풍선은 점점 하늘로 올라갑니다. 시간이 조금 지나자 펑! 하고 터졌어요.

여러분의 기분을 풍선 속에 전부 담아 보세요!

어른분들께

용서는 타인과 장기적으로 관계를 유지하기 위해서 굉장히 중요합니다. 분노는 오래가고, 정신적으로나 육체적으로나 피폐해집니다. 용서는 그러한 2차 피해에서 자신을 지키는 수단입니다. 우선 화나 슬픔, 용서 못 하는 기분을 인정하고, 자신이 과거에 용서받았던 경험을 되돌아보며 감사하고, 용서의 의의를 이해함으로써 스스로 분노를 놓도록 도와주세요.

칼럼 ❺

'공감'을 통해
가족이나 친구와 더욱 사이좋게 지낼 수 있어요

가족이나 친구는 함께 놀면 즐겁고 기운이 납니다. 어려움에 부딪히면 도와주고, 앞으로도 계속 사이좋게 지내고 싶을 거예요.

사이좋게 지낼 수 있는 비법은 바로 그 사람에게 '공감'하는 것. 친구가 야구 시합에서 졌다면, 친구는 분명 슬퍼할 거예요. 어깨를 늘어뜨리고 낙담할지도 모르지요. 부모님께서 새로운 장난감이나 게임기를 사 주시면 분명 기쁠 거예요. 싱글벙글하며 설레고 있을지도 몰라요. 이렇게 상대방의 몸짓이나 말, 사건에서 그 사람의 기분을 연상하며 알아주는 것을 '공감'이라고 한답니다. 때로는 "무슨 일 있니?"라고 물어보는 것도 좋아요.

여러분이 누군가의 슬픔에 공감한다면, 그 사람은 기분이 편안해질 거예요. 여러분이 누군가의 즐거움에 공감한다면, 그 사람은 더욱 기쁠 거예요. 그러니까 여러분이 공감함으로써 그 사람은 여러분과 더욱 친하게 지내고 싶다고 생각한답니다.

●공감 연습
- 상대방을 잘 관찰해 봐요.
- 상대방의 이야기를 잘 들어 봐요.
- 상대방은 어떤 기분일지 느껴 봐요.
- 같은 기분이 들었거나, 같은 경험을 한 적이 있는지 떠올려 보세요.
- 만약 자신이었다면 어떤 기분일지 생각해 봐요.
- "괜찮아? 무슨 일 있었어?" 등, 상대방을 걱정하는 말을 해 봐요.
- 상대방에게 기운을 북돋아 주거나 상대방의 기분이 편하도록 자신이 무엇을 할 수 있는지, 뭐라고 말하면 좋을지 생각해 봐요.

제6장

회복력을 키워 보아요

힘들거나 기분이 나쁠 때,
기운이 없더라도 그것을 극복하는 힘을
'회복력(resilience, 레질리언스)'이라고 해요.
회복력은 누구나 가지고 있는 힘이며 더욱 키울 수 있답니다.
제6장에서는 자신이 가진 회복력을 발견하고,
주위 사람들의 회복력을 배워 그것을 활용하면서
자신의 회복력을 키우는 방법을 몸에 익힙니다.

긍정 트레이닝 39 · 대실패! 이젠 일어날 수 없어요

■ '회복력'을 이해합니다.

인생에는 기쁜 일이나 즐거운 일이 있다면
슬픈 일, 가라앉는 일, 그리고 화가 날 때도 있지요.
누구나 실패하고 싫은 일을 겪는다면
기분이 나빠져서 기운이 없어집니다.
하지만 사람에게는 가라앉은 기분을 이겨 내고
기운을 차릴 힘이 있어요.
그런 힘을 '회복력'이라고 부릅니다.
회복력은 인생을 살아가는 데 꼭 필요하고, 굉장히 중요한 힘이에요.
회복력은 훈련하면 한층 더 키울 수도 있답니다.

제 6 장   회복력을 키워 보아요

워크 : '회복력'은 어떤 힘?

1 리코더를 잘 못 불어서 분해요!

포기하지 않고 계속 연습해요.

능숙하게 불 수 있게 되었어요.

2 친구랑 싸워서 초조해졌어요!

서로 사과해요.

더욱 사이가 좋아졌어요.

3 반려견이 죽어서 슬퍼요…….

슬픈 기분을 엄마에게 말해요.

슬프지만, 즐거웠던 추억도 떠올릴 수 있게 돼요.

어른분들께 회복력(resilience, 레질리언스)이란, 원래 '외부의 힘으로 인해 구부러진 것을 되돌리는 힘'을 의미하는 물리학 용어입니다. 후에 심리학에 도입되어, '어려움을 극복하는 힘'으로 널리 퍼졌습니다. 어른 본인이나 아이에게 가까운 사람이 실제로 어려움을 극복하거나 이겨 낸 경험을 이야기하여, 회복력에 대해 구체적으로 떠올릴 수 있도록 해 주세요.

어떻게 하면 다시 일어날 수 있을까요?

■ 자신만의 '회복력'을 발견합니다.

의기소침해지거나 힘든 일이 있어도
이겨 내고 다시 건강해지는 힘, 그것이 회복력이에요.
여러분은 회복력을 어떻게 생각하고 있나요?
시들었어도 물과 햇빛으로 다시 생기를 되찾는 꽃일까요?
건전지를 바꾸면 다시 움직이는 장난감일까요?
넘어져서 다쳐도 시간이 지나면 낫는 자신의 몸일까요?
여러분이 느끼는 회복력의 힘을 그림으로 그려 보아요.
회복력이 어떤 힘인지, 어떻게 하면서 극복하는지를
구체적으로 떠올릴 수 있을 거예요.
여러분다운 회복력의 형태를 찾아보세요.

제 6 장   회복력을 키워 보아요

워크   회복력 이미지

여러분에게 회복력은 어떤 이미지인지 떠올려 보며 그림으로 그려 보세요.

> 예를 들어, 쓰러져도 다시 일어나는 '오뚝이'나 이파리가 말랐어도 다시 피는 꽃 등, 여러분이 회복력에 대해 느끼는 이미지에 맞는 것이나 사람, 식물, 동물 등을 그려 보아요.

어른분들께 회복력(=다시 일어서는 힘)은 누구나 가진 힘입니다. 하지만 '다시 일어선다'는 말의 이미지나, 다시 일어설 때 작용하는 마음의 힘은 사람마다 다릅니다. 아이가 회복력을 인지하고 어떤 마음의 힘이 있는지를 구체적으로 생각하도록 하여, 그 아이만의 '회복'을 언어화, 비주얼화하도록 합니다.

그 사람을 떠올리면 기운이 나요

■ 회복력 영웅을 찾아봅니다.

축구를 좋아하는 윤기는
부상에도 포기하지 않고 노력해서 복귀하여,
다시 리그에서 활약하는 스포츠 선수의 이야기를 들으면
자신도 더 열심히 연습해야겠다는 마음이 든대요.
민지는 1살인 여동생 소연이가
몇 번이나 엉덩방아를 찧으면서도 걸으려고 하는 것을 보고
정말 대단하다고 감동했대요.
그 사람을 보면
자신도 왠지 용기와 다시 일어설 힘이 나는,
그런 '회복력 영웅'은 여러분에게 누구일까요?

제 6 장 회복력을 키워 보아요

워크 자신만의 회복력 영웅

친구, 유명인, 스포츠 선수 등 그 사람을 보고 있으면 나 자신도 용기와 다시 일어설 힘이 일어나는, 여러분만의 '회복력 영웅'을 적어 보세요. 그 사람이 왜 여러분에게 힘을 주는지 이유도 적어 보아요.

그 사람은 여러분에게
어떤 힘을 주고 있을까요?
'포기하지 않는 힘'일까요?
'밝고 긍정적으로
생각하는 힘'일까요?
'자신에게 지지 않는 힘'일까요?
여러 가지를 생각해 봐요.

나만의 회복력 영웅:
_____
이유:
_____
_____
_____

나만의 회복력 영웅:
_____
이유:
_____
_____
_____

나만의 회복력 영웅:
_____
이유:
_____
_____
_____

어른분들께

'회복력'을 구체적으로 떠올리거나 말로 표현하는 것이 중요합니다. 아이에게 구체적인 '회복력 영웅'을 떠올리게 하여, 그 사람이 어떤 회복력을 주었는지를 생각하도록 합니다. 또, "회복력 영웅이 말을 걸어 준다면 뭐라고 할 것 같아?" 등 상상하도록 도와줌으로써 한층 더 용기를 줄 수 있습니다.

긍정 트레이닝 42

'힘든 일도 좋은 경험이 된다'는 게 진짜인가요?

■ 이겨 낸 후 성장하는 것을 이해합니다.

식칼로 채소를 자르다가 왼손 검지를 베었어요!
아픈 데다가, 물건을 드는 것도 몸을 씻는 것도 너무 불편해요!
언제까지 이렇게 힘들어야 할까요?
그래도 손에 상처를 입은 덕에
여러분은 손가락의 소중함과 감사함을 알게 되었어요.
그것은 여러분이 사람으로서 성장했다는 증거예요.
고통스럽거나 슬프거나 화가 나는 등,
부정적인 기분은 되도록 느끼고 싶지 않을 거예요.
하지만, 사람은 싫은 일이나 괴로운 일을 극복할 때
사람으로서 성장할 수 있어요. 만약 부정적인 기분이 들었다면
이건 성장할 기회! 라고 생각해 보세요.

제 6 장   회복력을 키워 보아요

워크 | 회복 스토리를 인터뷰해 봐요

주위 어른에게 '회복 스토리(=어려움을 극복한 체험)'를 인터뷰해 봐요.

① '회복력'이란 무엇인지,
　 인터뷰하기 전에 어른께 먼저 설명드리세요.
② '회복 스토리'를 듣고 싶다고 부탁드려 보세요.
③ 워크 시트를 보면서 질문하고, 이야기를 듣습니다.
④ 힘들었던 추억을 이야기하는 건 괴로운 거예요.
　 인터뷰가 끝나면 감사와 존경의 마음을 담아
　 여러분의 느낀 점을 말씀드리세요.
⑤ 마지막에 마음을 담아 감사 인사를 합니다.

'회복력'이란 힘든 일이 있어도 그것을 극복하는 마음의 힘이에요. 혹시 어려움을 극복하신 경험이 있다면 들려주세요.

어떤 경험을 하셨나요?	
어떻게 그것을 극복하셨나요?	
주위에 지탱해 주는 사람이 있었나요?	
그 경험에서 배운 것이 있었나요? 그것은 어떤 것이었나요?	
'그 경험 덕분에 성장했다'고 생각하신 적이 있나요?	

어른분들께

어른에게 회복 스토리를 들으며, 아이는 많은 것을 배웁니다. 자신의 체험을 꼭 아이에게 들려주세요. 큰 사건이나 재해 등의 충격적인 사건을 경험하면, 급성 스트레스 장애(ASD)나 외상 후 스트레스 장애(PTSD)를 일으킬 수 있습니다. 그렇지만, 그 체험을 통해 결과적으로 인간적인 성장을 이루는 경우가 있는데, 그것을 외상 후 성장(PTG)이라고 부릅니다.

긍정 트레이닝 43 · 나쁜 기분이 진정되질 않아요!

■ 효과적인 대처법을 익힙니다.

친구와 싸웠어요! 너무 화가 나요!
기대하던 소풍이 취소되어서 오늘은 힘이 안 나요…….
기분 나쁜 일이 생겼을 때,
부글부글하는 기분이 좀처럼 사라지지 않으면 괴롭지요.
부정적인 기분이 계속 머물러 있으면
몸의 기운도 없어져요.
그럴 때는 '기분 전환 마법'을 써 보아요!
화가 나서 짜증이 날 때는 '천천히 심호흡 7번 하기' 마법!
슬플 때는 '좋아하는 음악 듣기' 마법!
어느새 부정적인 기분이 사라질 거예요!

기분 전환 마법

워크

마법의 종류	마법 거는 법	언제 쓸까요?
천천히 심호흡 7번 하기	천천히 숨을 내뱉은 후, 배가 부풀어 오르도록 숨을 들이마셔 보세요! 7번 반복합니다.	
좋아하는 음악 듣기	애니메이션 주제가, 아이돌 노래, 학교에서 배운 노래, 여러분이 좋아하는 음악을 들어 보세요.	
누군가에게 털어놓기	부정적인 기분을 누군가에게 털어놓기만 해도, 나쁜 기분이 작아질 거예요.	
산책하기	풍경을 바라보면서 산책하는 사이에 기분 전환할 수 있어요.	
좋아하는 반려동물을 쓰다듬기	좋아하는 반려동물을 쓰담쓰담하면, 신기하게 마음이 차분해져요.	
그림 그리기	그림 그리기를 좋아하는 여러분은, 그림을 그리면 마음이 상쾌해져요!	
운동하기	몸을 움직이면 놀랄 만큼 기분 전환할 수 있어요.	
욕조에 몸 담그기	따뜻한 욕조 물에서 천천히 릴랙스해 봐요!	
	여러분만의 마법을 적어 보세요!	

 **어론분들께** 운동이나 음악, 호흡법, 일기 쓰기 등, 뇌과학과 심리학 연구에서 효과적인 기분 전환 방법이 밝혀지고 있습니다. 워크를 통해 언제, 어떤 기분 전환 방법을 쓰면 효과적일지 생각해 보고, 실제로도 부정적인 감정의 악순환에 빠졌을 때 아이들이 실천해 보는 것이 중요합니다. 부정적인 감정에 빠진 아이를 보게 되면, 함께 기분 전환 마법을 걸어 보자고 유도해 주세요.

짜증이 나서 문을 쾅! 닫았더니 혼났어요!

■ 효과적이지 않은 스트레스 대처법(coping, 코핑)이 있다는 것을 깨닫습니다.

나쁜 기분을 사라지게 하는 데 기분 전환 마법은 굉장히 편리해요.
하지만, 초조함을 사라지게 하려고
'몇 시간 동안 게임!' 마법을 써 버리면……
눈도 피곤하고 수면 부족이 되고 말 거예요.
답답함을 사라지게 하려고
'다른 사람에게 화풀이!' 마법을 써 버리면……
부모님께 혼나거나 친구와 싸우고 말 거예요.
기분 전환 마법은 편리하지만, 잘못된 방법으로 쓰면
나쁜 기분이 사라지기는커녕
오히려 여러분이 곤란해지거나 다른 사람에게 폐를 끼쳐서
'쓸모없는 마법'이 될 거예요.

제 6 장 회복력을 키워 보아요

워크 그건 진짜 마법인가요, 쓸모없는 마법인가요?

아래의 기분 전환 마법은 진짜 마법일까요? 아니면 쓸모없는 마법일까요?
줄을 그어서 쓸모없는 마법은 쓰레기통으로, 진짜 마법은 마음 주머니에 넣어 보세요!

화풀이를 한다

몸을 움직인다

심호흡을 한다

누군가에게 상담한다

아무하고도 얘기하지 않는다

진짜 마법

쓸모없는 마법

도움이 되는 마법의 힌트는,
● 자신도 다른 사람도 상처 주지 않고, 다른 사람에게 폐를 끼치지 않는 것이에요.
● 기분이 좋아지는 것 이외에 어떤 마법이 있는지 생각해 보고, 진짜 마법은 마음 주머니로, 쓸모없는 마법은 쓰레기통에 넣어요.

어른분들께 기분 전환을 하려고 했는데, 자신이나 타인에게 상처 주거나 물건을 부숴서 결과적으로 본인에게 더 큰 스트레스가 되어 돌아오는 경우가 있습니다. 아이가 스트레스를 느낀다는 그 상태나 기분을 받아들이면서, 아이 본인과 주위 사람 양쪽에게 좋은, 진정한 의미의 기분 전환 방법을 찾을 수 있도록 도와주세요.

갑자기 시험이라뇨?!

■ 사물의 이해 방법을 바꿉니다. ①

한문 시간, 선생님께서 갑자기
"오늘은 한자 100문제 시험을 치겠습니다!"라고 하신다면 어떨 것 같나요?
한자가 어려운 여러분은 '아! 너무 싫어.'라고 생각할 거예요.
한자가 특기인 여러분은 '아싸!'라고 생각할지도?
여러분의 머릿속에는 다양한 앵무새가 있어서,
항상 여러분에게 말을 걸고 있어요.
"될 리가 없잖아.", "분명 안 될 게 뻔해."라고 말하는 '포기 앵무새'.
"그 녀석이 나쁜 거야.", "난 잘못한 거 없어."라고 말하는 '뾰로통 앵무새'.
"괜찮아."라고 말하는 '격려 앵무새'도 있답니다.

제 6 장   회복력을 키워 보아요

워크 | 이 기분은 어떤 앵무새의 말일까요?

다음과 같을 때 어떤 앵무새가 있을까요? 줄로 그어 보세요!

지금부터 한자 100문제 시험을 치겠습니다!

| 어쩌지, 못 볼 게 뻔해. | 갑자기 시험이라니! 선생님 너무 싫어. | 괜찮아, 열심히 하면 할 수 있을 거야. |

상대방 탓을 하는
뽀로통 앵무새

괜찮아!
격려 앵무새

난 안 돼!
포기 앵무새

- 잘 풀리지 않는 건 상대방 탓이지.
- 난 잘못한 거 없어!
- 그 녀석이 나쁜 거야.

- 하면 할 수 있어! 열심히 해 보자!
- 잘하고 있어.
- 괜찮아!

- 내가 할 수 있을 리가 없잖아.
- 잘 안 되네.
- 분명 안 될 게 뻔해.

어떤 일이나 상황을 어떻게 파악하는지, 인지하는지에 따라 일어나는 감정이나 신체 반응, 그 후의 행동이나 결과가 달라집니다. 다양한 상황을 가정하여 "이럴 때는 어떤 기분이 들까? 어떤 앵무새가 있을까?" 하고 질문을 하면서, 아이가 그 감정이나 행동의 배후에 있는 이해법(인지)에 대해 깨달을 수 있도록 도와주세요.

긍정 트레이닝

46 …어차피 못 할 거예요

■ 사물의 이해 방법을 바꿉니다. ②

내가 잘 못 부는 리코더.
귓가에서 '포기 앵무새'가 "될 리가 없지."라고 속삭여요.
사실 할 수 있을 것 같은 일도 하기 전부터 포기하고 말아요.
선생님께 주의를 받았어요.
'뾰로통 앵무새'가 "난 잘못한 거 없어!"라고 속삭여요.
사실 내가 잘못한 건데, 짜증이 났어요.
만약 '포기 앵무새'나 '뾰로통 앵무새'를
'격려 앵무새'로 바꾼다면 어떤 기분이 들 것 같나요?
나쁜 기분이 여러분의 마음에 자리 잡을 것 같다면
'격려 앵무새'를 불러 보세요!

제 6 장   회복력을 키워 보아요

워크   격려 앵무새로 바꿔 보아요

	뽀로통 앵무새  뭐라고 할까요? 기분	포기 앵무새  뭐라고 할까요? 기분	격려 앵무새 뭐라고 할까요? 기분
갑자기 시험을 치게 되었어요!			
숙제가 뭐였는지 기억이 안 나요!			
선생님께 혼났어요.			
친구에게 기분 나쁜 말을 들었어요.			

 어른분들께   '포기 앵무새', '뽀로통 앵무새', '격려 앵무새' 등이 적힌 카드나 종이 인형을 준비해요. 그리고 "○○ 앵무새가 이렇게 말했어."라고 앵무새의 말을 대변하며, "어떤 기분이 들었어?" 하고 물어보는 것도 좋겠지요.

칼럼 ❻

베서니의 이야기를 듣고 여러분은 어떤 것을 느꼈나요? 무엇을 생각했나요?

베서니 해밀턴은 미국 하와이주에서 활약하는 한쪽 팔의 프로 서퍼예요.

어릴 적부터 서핑을 너무 좋아해서 대회에서 항상 우승할 정도였답니다. 미래엔 프로 서퍼가 될 거라고 주변 사람들 모두가 생각했어요. 그런데 13살 때, 무서운 일이 일어났습니다. 4m가 넘는 큰 상어의 습격으로 베서니의 왼쪽 팔은 어깨부터 전부 물어뜯기고 말았어요.

목숨을 잃을 뻔한 위험한 상황도 있었지만, 필사적인 치료를 통해 베서니는 기적적으로 살아났어요. 그뿐만 아니라, 사고로부터 채 1개월도 지나지 않아 다시 서핑을 시작했답니다!

하지만, 그녀는 곧바로 생각대로 서핑이 되지 않는다는 것을 깨달았어요. 왼팔을 잃었기 때문에 파도 위에서 균형을 잡기 어려워진 것이지요. 큰 충격을 받은 나머지 서핑을 그만둘 생각까지 했었어요.

그래도 그녀는 서핑을 그만두지 않았어요. 한쪽 팔로도 사용하기 쉬운 서핑 보드를 특별히 제작하고, 혹독한 훈련을 거듭하여 다시 대회에 도전했습니다. 그리고 마침내 베서니는 프로 서퍼의 꿈을 이루었어요.

베서니의 이야기는 '소울 서퍼'라는 영화로 만들어졌습니다. '회복력'이라는 마음의 힘을 떠올리며 이 영화를 봐 주길 바라요. 여러분은 이 영화에서 무엇을 느낄까요?

●생각해 보아요
① 베서니는 가장 힘들었을 때 어떤 기분이었을까요?
② 베서니는 어떻게 해서 어려움을 극복했을까요?
③ 베서니에게 어떤 마음의 힘이 있어서 다시 일어설 수 있었을까요?
④ 베서니를 어떤 사람들이 지탱해 주었을까요?

제 7 장
나만의 행복과 만족감을 찾아봐요

이 책의 목적은 자신만의 '행복'을 찾는 거예요.
하지만, 행복이란 애초에 무엇일까요?
괴로워도 행복하다고 느낄 때가 있고,
행복하다고 느꼈는데
갑자기 시시해질 때도 있어요.
제7장에서는 다양한 행복과 마음속 허점을 배운 끝에,
자신만의 행복을 찾는 문을 열어 볼 거예요.

47 ···행복은 언제 느끼나요?

■ 자신만의 '행복'을 찾습니다.

준우는 색깔이 신기한 돌을 찾으면
가슴이 뛰고 굉장히 행복한 기분이 든대요.
그런 것으로 행복을 느끼다니, 왠지 재미있네요!
여러분은 행복에 대해서 생각해 본 적 있나요?
평소에는 그다지 생각해 본 적 없었을 거예요.
행복이란 말을 듣고, 여러분은 무엇을 떠올렸나요?
여러분이 행복할 때는 언제인가요?
준우의 행복과 여러분의 행복은 같은가요? 아니면 다른가요?
여러분은 언제 행복을 느끼는지, 행복 찾기를 해 봐요.
행복의 크기는 중요하지 않아요.
다양한 행복을 찾으러 가요!

제 7 장 나만의 행복과 만족감을 찾아봐요

워크   행복 상자

여러분이 행복한 기분이 들 때, 무엇을 하고 있었나요? 어떤 기분이었나요?
떠올려 보세요. 떠올린 행복을 종이에 적어서 행복 상자에 담아 보아요.

(예) 할아버지께서 안아 주셨다. 쑥스러웠다.

> 잘 떠오르지 않을 때는,
> 사진을 보거나 누군가와 이야기를
> 나눠 보세요. 행복했던 일을
> 문장 짓는 것이 어려울 때는
> 그림으로 그려 보아요.

어른분들께 '행복'의 체험은 몸과 마음의 피로를 풀어 주고 기운을 회복시키는 에너지입니다. 아이와 사진을 보거나 이야기를 나누면서 행복했던 사건을 구체적으로 떠올리게 하여, '자신'과 '행복'을 관련지을 수 있도록 도와주세요. 잘 떠오르지 않을 때는, "엄마(선생님)는 ~였어." 와 같이 예를 들어 주는 것도 효과적입니다. 무리하게 강요하지 말고, 그 아이 나름의 느낌을 존중해 주세요.

긍정 트레이닝

48 …행복은 어떻게 느끼나요?

■ 행복을 느끼는 방법의 차이를 이해합니다.

서연이는 좋아하는 아이돌의 사진을 보면
'최고로 행복해~'라고 생각한대요.
태훈이는 축구 선발로 뽑혀서
'인생에서 제일 행복해!'라고 생각했대요.
두 사람의 행복은 상당히 다르네요.
여러분의 행복과는 같은가요? 다른가요?
행복은 누구나 느끼지만,
'행복'을 느끼는 것과 느끼는 법은 한 사람 한 사람 모두 다르답니다.
다른 사람들은 무엇을 하면 행복을 느끼는지,
어떻게 행복을 느끼는지 인터뷰해 봐요!

제 7 장 나만의 행복과 만족감을 찾아봐요

워크   인터뷰 '행복을 느낄 때'

언제 행복을 느끼는지, 어떻게 느끼는지, 가족이나 친구, 선생님 등 가까운 사람들을 인터뷰해 보세요.

대답한 사람	

언제 행복을 느끼나요?

어떻게 느끼나요?

대답한 사람	

언제 행복을 느끼나요?

어떻게 느끼나요?

대답한 사람	

언제 행복을 느끼나요?

어떻게 느끼나요?

대답한 사람	

언제 행복을 느끼나요?

어떻게 느끼나요?

대답한 사람	

언제 행복을 느끼나요?

어떻게 느끼나요?

> 행복을 느끼는 방법은 모두 제각각이에요.
> 대답에 좋음이나 나쁨은 없어요.
> 인터뷰에 응해 준 사람에게는 마음을 담아
> '고맙습니다!'라고 말하도록 해요!

'행복'은 너무 막연해서 기준이 없는 듯한 이미지가 있지만, 현재는 실증적인 연구가 진행되어, 다양한 요소로 구성되어 있다는 것이 밝혀졌습니다. 아이들이 '행복은 사람마다 다르다', '똑같은 행복이라는 말도 사람에 따라 의미가 다르다'는 것을 이해함으로써, 여러 사람과 공존할 수 있는 다양한 시점을 몸에 익히는 것을 목표로 합니다.

힘들고 괴로운데, 그것도 '행복'인가요?

■ 다양한 '행복'에 대해서 알고, 행복의 요소를 이해합니다.

오늘 선생님께서 숙제를 많이 내 주셨어요.
열심히 하고 있었는데, 아빠께서 "오, 좋은 얼굴을 하고 있구나."라고
말씀하셨어요.
어? 저는 해야 할 숙제가 너무 많아서 하나도 좋지 않은데요?
힘든 일이나 괴로운 일은 행복과는 정반대라고 생각할지도 몰라요.
기쁘다, 즐겁다 등 긍정적인 기분이 들면,
물론 그것은 행복한 일이지요.
하지만, 힘들어도 열심히 하거나,
괴로워도 의미 있는 것을 한다고 스스로 생각할 때,
사람은 행복을 느낀답니다.
어떤 것을 느끼면 사람은 행복해지는지 생각해 봐요.

제 7 장 나만의 행복과 만족감을 찾아봐요

워크 행복을 느끼기 위한 5가지 중요한 요소

 1 긍정적인 감정을 가지는 것
(P : Positive emotion)

긍정적인 감정은 좋은 일을 계속해서
만들어 내서, 그것을 늘리는 힘을 가지고 있어요.

 2 몰입하는 것
(E : Engagement)

무언가에 몰입하면 눈 깜짝할 새에 시간이
흘러 버려요. 이럴 때 사람은 행복을 느낍니다.

 3 사람과의 관계를 느끼는 것
(R : Relationships)

누군가와 이어져 있다는 것을 느끼면, 사람은
행복을 느껴요. 관계는 스스로 만들 수 있어요.

 4 의미를 느끼는 것
(M: Meaning)

자기 나름의 의미를 찾을 수 있다면 싫은 일,
괴로운 일에서도 행복을 느껴요.

 5 달성하는 것
(A : Accomplishment)

목표를 가지고 몰두하여, 그것을
끝까지 해냈을 때 성취감을 느껴요.
끝까지 해내는 힘이 자신감을 낳아,
또다시 도전할 수 있게 돼요.
이렇게 여러분은 성장하죠.
이런 성장의 과정에서 행복을 느껴요.

 즐거움이나 기쁨 등의 긍정적인 감정에서 생기는 행복을 '기분 좋은 행복', 목표·행동의 의미나 과정 그 자체에서 생기는 행복을 '성장하는 행복'이라고 합니다. 한편, 미국의 심리학자 마틴 셀리그만이 제창하는 PERMA 이론에서는 행복이 5가지 요소로 나눠집니다. 이러한 행복의 종류와 그것을 구성하는 요소를 아이의 실제 체험에 대입하여 이해할 수 있도록 도와주세요.

행복한 기분은 왜 오래가지 않을까요?

■ 인지와 감정의 허점을 깨닫습니다.

부모님께서 생일에 새로운 게임기를 사 주셨어요!
너무 기뻐서 매일매일 게임을 했지만,
친구가 더 새로운 게임기를 빌려주었어요.
그랬더니 갑자기 제 게임기가 시시한 것 같아서
엄마께 "친구가 산 게임기, 나도 사 줘!"라고 말하고 말았어요…….
모처럼 행복했었는데,
사소한 일로 엉망이 되어 버려서 아쉬워요!
어째서 행복한 기분은 오래가지 않을까요?
그것은 사람의 생각과 마음의 장치가 서로 영향을 미치기 때문이에요.
어떤 구조가 숨어 있는지 생각해 보아요.

제 7 장 나만의 행복과 만족감을 찾아봐요

워크 | 행복한 기분이 오래가지 않는 마음의 장치

1 주위와 비교해요

'지금의 자신에게 불만'을 느끼는 것은 새로운 의욕을 일깨워 줍니다. 하지만 주위와 비교하여 느낀 '지금의 자신을 향한 불만'이 너무 커지면, '이젠 싫어!'라는 생각이 들어요.

이렇게 해 보세요!

주위와 비교하는 것이 아니라, 지금까지의 자신과 비교해 보세요. 지금의 여러분은 지금까지의 여러분과 비교했을 때 어떤가요? 성장을 느끼거나, 의욕이 생겼다면 그것은 도움이 되는 비교예요.

2 익숙해져서 재미없어요

'익숙함'이라는 마음의 장치가 있어요. 익숙함은 처음엔 긴장을 없애 주지만, 새로운 발견이나 기쁨을 느끼기 어렵게 하고, 즐거운 기분을 줄어들게 하기도 해요.

이렇게 해 보세요!

재미없을 때, 살짝 새로운 것을 추가해 보세요. 신선한 기분으로 다시 좋아하는 것을 할 수 있을 거예요.

3 사소한 것에 신경 쓰여요

기쁜 마음이 클수록 사소한 일에 아쉬운 마음이 커질 때가 있어요. 하지만 '아쉬워.', '싫다~.'라는 생각만 하면, 모처럼 생긴 기쁜 일마저 잊어버리고 말 거예요.

이렇게 해 보세요!

한 그루의 나무와 그 주변의 멋진 숲을 떠올려 보세요. 나무에는 벌레 먹은 구멍이나 흠집이 있지만, 숲 전체는 여전히 멋지지요. 전체를 바라봄으로써 신경 쓰이는 기분을 줄일 수 있어요.

 ①은 '사회적 비교'라고 불리는 인지 작용입니다. 사회적 비교는 행동의 동기 부여가 될 수도 있지만, 비교로 인해 부정적인 감정만 강해지면 역효과입니다. ②는 '순화(익숙함)'에 의한 긴장 완화와 반응 둔화입니다. 새로운 자극을 더하면 반응이 촉진됩니다. ③은 부정적인 감정에 의한 '주의 초점화'입니다. 작은 일에 초점화하면 전체가 보이지 않게 됩니다. 이러한 메커니즘을 이해한 후에 지도해 주세요.

행복한 기분이 오래가는 방법이 있을까요?

■ 행복 사이클을 키웁니다.

곤충을 좋아하는 민우.
여름 방학에 쓴 곤충 관찰 일기가 최우수상에 뽑혔어요.
정말 기뻐서, 앞으로도 열심히 공부해서
장래에 곤충 박사가 되고 싶다고 생각했대요.
행복한 기분을 다음의 행복으로 이어지게 할 수 있다면,
오랫동안 지속하는 행복 사이클을 만들 수 있을 거예요.
포인트는 3가지.
① 자신이 좋아하는 것을 더욱 좋아할 것.
② 자신에게 소중한 것을 확실히 소중히 할 것.
③ 하고 싶은 것을 진심으로 열심히 할 것.
행복 사이클을 만들어서 행복을 오랫동안 간직해요.

제 7 장 나만의 행복과 만족감을 찾아봐요

워크   행복 사이클을 키워 보아요

① 좋아하는 것, ② 소중한 것, ③ 열심히 하고 싶은 것을 각각 3개씩 적어 봐요.
그중에서 '정말로' 좋아하는 것, 소중한 것, 열심히 하고 싶은 것 1개씩을 뽑아 보세요.
그것이 여러분의 '행복 사이클 씨앗'이 될 거예요.

① 좋아하는 것
-
-
-

② 소중한 것
-
-
-

③ 열심히 하고 싶은 것
-
-
-

행복 사이클 씨앗을 키워 보아요. 10년 후, 20년 후, 여러분의 행복 사이클 씨앗은
어떻게 자랐을까요? 상상의 나래를 펼쳐서 그림을 그려 봐요.

『하버드의 인생을 바꾸는 수업』의 저자 탈 벤 샤하르 박사는, 천직은 '자신이 좋아하는 것', '의미를 느낄 수 있는 것', '강점을 살릴 수 있는 것'이 겹치는 부분에 있다고 말합니다. 여기에서 '의미를 느낄 수 있는 것'을 '소중한 것'으로, '강점을 살릴 수 있는 것'을 '열심히 하고 싶은 것'으로 바꾸어 생각합니다. 행복 사이클 씨앗을 아이가 이해했다면, 미래의 꿈을 실현할 수 있도록 지원해 주세요.

칼럼 7

'행복'은 굉장히 신기한 거예요

마지막으로 이 책을 통해 많은 것을 배운 여러분과 함께 '행복'에 대해 생각할 수 있는 시를 지어 봤어요. 부디 소리 내어 읽어 주세요.

행복은 신기한 거예요.

크게 입을 벌리고 웃었어요.
조용히 미소 지었어요.
열심히 이를 악물었어요.
행복은, 즐거운 일이나 기쁜 일에만 있는 것이 아니에요.

길을 몰라 헤매고 있었더니
지나가던 사람이 친절하게 알려 주었어요.
천천히 계단을 올라가는 할머니의 짐을 들어 드렸더니,
"고맙구나."라고 감사 인사를 받았어요.
행복은, 내게만 있는 것이 아니에요.

어릴 적을 떠올리며 웃어요.
이사하기 전 집을 정말 좋아했어요.
꿈이 이루어진 미래의 내 모습.
행복은, 현재의 시간 안에만 있는 것이 아니에요.

할머니를 떠올리면 마음이 따뜻해져요.
무지개다리를 건넌 포치와 산책했던 소중한 시간.
행복은, 이젠 손이 닿지 않는 곳 안에도 있답니다.

행복은, 찾으려고 하면 언제든 찾을 수 있어요.
괴로워도 행복으로 이어지는 일도 있어요.
행복은 스스로 만들 수도 있답니다.
그리고, 행복은 모두와 똑같지 않아도 괜찮아요.

하지만, 행복은 자세히 보지 않으면 찾을 수 없어요.
어느새 없어져 버릴지도 몰라요.

자신만의 행복, 주위 사람의 행복.
자신도 주위도 행복하다면
분명 멋진 세계가 되겠지요.

행복은 신기한 거예요.

'24가지 강점' 해설

호기심 모든 것, 모든 경험을 매우 흥미롭게 느껴요. 새로운 것을 발견하는 걸 좋아하고, 적극적으로 정보를 모으려고 해요.

공부할 의욕 더 많은 지식, 능력을 몸에 익히거나 자신이 이미 알더라도 더욱 자세히 알려고 합니다. 무언가 새로운 것을 배울 때 두근두근해요.

창조성·독창성 예술적인 활동에서든 그 이외의 분야에서든, 평범한 방법에 얽매이지 않고 창의적으로 연구해서 새롭고 독창적인 것을 생각할 수 있어요.

전체를 바라보는 힘 사물의 전체상이나 미래를 내다볼 수 있어요. 다양한 의견을 받아들여 모두가 수긍할 수 있는 답을 생각하고, 적절한 조언을 할 수 있습니다.

유연한 사고 단정하지 않고, 모든 각도에서 생각하고 답을 냅니다. 감정에 휘둘리지 않고 냉정하게 판단하고, 확실한 증거를 발견하면 이제까지의 사고법도 유연하게 바꿀 수 있어요.

성실함 항상 진실을 이야기하며, 착실하고 거짓이 없어요. 약속을 지키고 자신의 기분과 행동에 책임을 집니다.

열의 감동과 정열을 가지고 인생을 모험처럼 살아요. 어떤 것을 대충 하거나 적당히 하지 않습니다. 활동적이고 생기가 넘쳐요.

인내력 시작한 것은 반드시 마지막까지 해내요. 어려움이 닥쳐도 끈질기게 전진합니다. 과제를 끝까지 완수했다는 것에 기쁨을 느껴요.

용감함 무섭거나 부끄러운 일에도 절대로 기죽지 않아요. 반대에 부딪히더라도 올바른 것을 확실하게 말합니다. 같은 의견을 가진 사람이 없어도 자신을 믿고 행동해요.

애정 다른 사람과 사이좋게 지내는 것을 좋아하고, 잘해요. 다른 사람과 서로 공감하고 생각해 주는 관계를 소중히 합니다.

대인 관계력 상대방의 일이나 자신의 일에서 감정이나 생각을 잘 이해하고 처신을 잘해요. 다양한 타입의 사람과도 좋은 관계를 쌓을 수 있습니다.

배려심 사람들에게 친절하게 대하고, 사람들을 위해 좋은 일을 합니다. 다른 사람을 구하고 보살피는 것을 잘해요. 다른 사람에게 도움이 되는 것을 즐깁니다.

45페이지에서 소개한 '24가지 강점'에 대해서, 각각 어떤 강점인지를 해설합니다.
자신에게 어떤 강점이 있는지 아이와 함께 생각할 때 참고로 삼아 주세요.

공평함 모두를 동등하게 대합니다. 모든 사람에게 기회를 주며, 개인적인 감정으로 다른 사람에게 불공평한 판단을 하지 않아요.

팀워크 그룹이나 팀 속에서 구성원으로서 잘 해냅니다. 그룹을 위해서 자신이 해야 할 일을 찾아서 할 수 있어요.

리더십 그룹이 목표를 달성할 수 있도록 힘을 주고, 구성원들이 잘 지낼 수 있도록 지원합니다. 구성원들을 위해서 일하며 모두를 이끌어 가는 것이 특기예요.

넓은·용서하는 마음 틀리거나 실패한 사람을 받아들여, 다시 도전할 기회를 줍니다. 보복하려고 하지 않으며, 이미 지난 일에 얽매이지 않아요.

자제력 자신의 기분이나 언동, 식욕 등을 컨트롤할 수 있어요. 규칙이나 매너를 잘 지켜요. 무언가 나쁜 일이 일어났을 때도 자신의 기분을 컨트롤할 수 있어요.

사려 깊음 주의 깊게 선택하고, 실패나 위험한 일이 없도록 신중하게 행동해요. 후회할 것 같은 말을 하지 않아요. 눈앞의 것에 달려들지 않고 차분히 생각하고 선택합니다.

신중함·겸허함 재능을 과시하거나 자랑하지 않아요. 모두에게 "대단해!"라는 말을 들으려고 하지 않고, 자신은 특별하다고 확신하지 않아요.

감사하는 마음 여러 가지 좋은 일에 관심을 가지며, 그것에 대해 감사하는 마음을 가지고 있어요. 그리고 상대방에게 감사의 마음을 표현해요. 작은 일에도 '고마워요.'라고 생각하거나 직접 전하기도 합니다.

희망 밝은 미래를 마음속에 그리고 그렇게 되기 위해 노력해요. 좋은 미래가 펼쳐질 것이라 믿고, 열심히 하면 결과적으로 바람이 이루어질 거라고 생각해요.

미적 센스 모든 것(자연, 미술, 학문, 일상생활 등)에서 아름다운 부분이나 특별히 뛰어난 부분을 찾아서, 그 훌륭함을 확인해요.

보이지 않는 힘을 믿는 마음 자신이 매우 큰 흐름이나 넓은 세계 속에서 산다는 것을 믿을 수 있어요. 높은 목표나 의의에 대해 신념을 가지고 있어요.

유머 웃음이나 놀고 싶은 마음을 소중히 해요. 다른 사람을 웃기거나 재있는 일을 꾸미는 것을 좋아해요. 다양한 상황에서 밝은 면을 보려고 합니다.

【해설】

아이의 긍정 교육:
아이들의 내면에서 빛나는 씨앗을 키우고 싶다.

많은 사람들은 아이들이 행복해지길 바랍니다. 하지만 "행복이 무엇인가요?", "어떻게 하면 행복해질 수 있나요?"라고 물어본다면, 여러분은 어떻게 대답할까요? 자신을 가지고 명확하게 대답하는 건 전문가에게도 꽤 어려운 일입니다.

행복이란 무엇인지, 어떻게 하면 행복해질 수 있는지에 대해서 과학적으로 밝히려고 하는 것이 긍정 심리학입니다. 그리고 긍정 심리학으로 인해 얻은 과학적 내용을 교육 분야에 응용한 것이 바로 긍정 교육입니다.

긍정 교육에서는 학교의 학력 테스트로는 측정할 수 없는, 아이들 한 사람 한 사람의 행복감과 매일의 충실감, 즉 '웰빙'을 교사나 부모가 함께 지원합니다. 이미 영국이나 오스트레일리아 등의 다양한 나라나 지역에서 확산되고 있습니다.

긍정 교육에는 두 가지 큰 축이 있습니다. '예방(prevention)'과 '촉진(promotion)'입니다. 아이는 사는 동안 정도의 차는 있지만, 반드시 역경과 어려움에 직면합니다. 강한 스트레스를 느낄 때도 있을 것입니다. 안타깝게도, 그것을 전부 없애는 것은 불가능합니다. 오히려 그것들을 극복한 경험이 아이의 인생을 더욱 풍부하게 만듭니다.

긍정 교육에서는 사전에 준비할 수 있는 것은 확실하게 대비하는 데 힘을 쏟습니다. 그리고 역경이나 어려움에 직면했을 때 거기에서 회복하는 힘과 자신만의 극복 방법을 기릅니다. 그것이 '예방'의 축입니다. '부러지지 않는 마음'이나 '마음의 회복력' 등으로도 불리는 회복력(resilience, 레질리언스)을 높이는 것은 그중 하나입니다.

예를 들어, 괴로울 때 기댈 수 있는 사람을 미리 확인해 두거나, 자신의 기분과 생각의 특징, 성향을 사전에 파악하여 자신에게 맞는 처방법을 배워 두는 것은 어려움과 역경을 극복하는 데 매우 효과적인 수단입니다.

또한, 긍정 교육은 아이들이 자신의 '마음'을 깨닫고 그것과 잘 지내는 방법이나, '나다움', '강점'을 찾아서 주위 사람들과의 관계성을 존중하며 그것을 활용하는 방법, 스스로 자신의 '의욕(동기)'을 끌어내고 그것을 펼치는 방법, 더욱 좋은 '인간관계'를 나답게 구축하는 방법, 그리고 아이들이 자신만의 '행복'을 생각해 나가는 방법 등도 중시합니다. 그것이 '촉진'의 축입니다.

이렇게 역경과 어려움을 유연하게 극복하기 위한 회복력을 '예방적'으로 높이면서, 웰빙과 그 향상에 도움이 되는 심리·사회적 자원의 유효 이용·개발을 '촉진'함으로써, 아이들 한 사람 한 사람이 자신만의 행복한 인생을 나아가도록 하는 것이 긍정 교육입니다.

이 책에서는 긍정 교육의 '예방'과 '촉진'의 관점에서 다양한 수법과 활동을 소개하였습니다. 이 책을 선택해 주신 여러분이, 아이들의 마음속에 내면에서부터 빛나는 'golden seed(황금 씨앗)'을 찾아, 그것을 함께 키워 주시길 바랍니다. 그리고 아이들이 스스로 '나다움'을 '좋은 점'으로 꽃피워 풍족한 인생을 만들어 갈 수 있도록 도와주시면 감사하겠습니다.

집필진도 항상 성찰하는 태도와 도전하는 용기, 그리고 큰 뜻을 가지고 여러분과 함께 걸어 나가겠습니다. 이 책이 이 세상에 한 생명으로 태어난 많은 아이의 웃는 얼굴에 도움이 될 수 있다면, 그 이상의 행복은 없습니다.

2017년 7월
집필진 일동

【저자 소개】

아다치 히로미 일반 사단 법인 일본 포지티브 교육 협회 대표 이사
멜버른대학 대학원 포지티브 교육 전문 코스 수료.
인정 포지티브 심리학 코치 등, 국내외 교육 기관에서 10년에 걸친 학교 운영과 학생 지도를 거치고 현직. 초등학교~고등학교, 적응 지도 교실 등 다양한 교육 현장에서 회복력 교육을 실시. 포지티브 교육 프로그램 개발 등을 진행한다.
주요 저서 : 『어린이의 '역경에 지지 않는 마음'을 키우는 책』 (공저, 호우켄, 2014) 등.

기베 치에코 일반 사단 법인 일본 포지티브 교육 협회 이사
오차노미즈 여자 대학 대학원 박사 후기 과정 인간 문화 창성 과학 연구과 수료, 박사(심리학). 발달정신병리학, 긍정 심리학. 이스트 런던대학 대학원 응용 긍정 심리학 석사 과정 수료. 현재 오차노미즈 여자 대학 기간 연구원(基幹研究院)의 연구원.
주요 저서 : 『기초 조산학 4 모자의 심리·사회학』 (공저, 의학서원, 2016) 등.

스즈키 미키 일반 사단 법인 일본 포지티브 교육 협회 이사
도쿄 국제 대학 대학원 사회학 석사 과정 수료. 임상 심리사. 정신 보건 복지사.
정신과 병원 사회 복지사, 기업의 산업 카운슬러, 도쿄도 공립 학교 스쿨 카운슬러를 거쳐 현재 치바 경제 대학 비상근 강사.
주요 저서 : 『어린이의 '역경에 지지 않는 마음'을 키우는 책』 (공저, 호우켄, 2014), 『정신 보건 복지 상담 원조의 기반 (전문)』 (공저, 고분도, 2017) 등.

유루리 마코토 일반 사단 법인 일본 포지티브 교육 협회 이사
쓰쿠바대학 대학원 박사 과정 인간 종합 과학 연구과 단위 취득 퇴학. 석사 (교육학).
커리큘럼 연구, 재능 교육, 포지티브 조직 개발. 하마마츠 학원 대학에서 보육사·교원 양성에 종사. 현재, 쇼와 여자 대학 종합 교육 센터 전임 강사, 쇼와 여자 대학 현대 교육 연구소 준교수.
주요 저서 : 『커리큘럼 평가 입문』 (공저, 게이소쇼보, 2009) 등.

일반 사단 법인 일본 포지티브 교육 협회 (JPEA) [감수] http://www.j-pea.org/
한 사람 한 사람이 행복하고 씩씩하게 사는 힘, 어린이들이 의욕적으로 꾸준히 배우는 힘의 육성을 목표로 긍정 교육의 보급에 노력하고 있다. 일본의 어린이들, 보호자, 교육자들을 위한 긍정 심리학을 베이스로 한 JPEA 인정 회복력 트레이너 양성 강좌와 강점을 베이스로 한 코치 양성 강좌를 기획·개최. 고문: 이로나 보니웰 박사.

JPEA 인정 회복력 트레이너
어린이들의 회복력을 키우기 위해, 회복력의 실천적인 수업 방법이나 긍정 심리학의 기초 지식을 습득하는 소정의 연수를 받아, 인정 시험에 합격한 트레이너. 약 100명의 인정 트레이너가 전국의 학교와 기업에서 강연과 연수를 진행하고 있습니다. 육아에 도움이 되고 싶으신 분, 자신의 회복력을 키우고 싶으신 분, 학교 교육에 도입하고 싶으신 분, 학교나 병원 등의 조직 전체의 회복력을 키우고 싶으신 분 등이 수강하여 인정을 받아 활동하고 있습니다.

이로나 보니웰 (Ilona Boniwell) 일반 사단 법인 일본 포지티브 교육 협회 고문, 심리학 박사
영국 앵글리아 러스킨 대학 대학원 응용 긍정 심리학 프로그램 리더, 프랑스 스콜라 비 공동 설립자 겸 공동 디렉터. 국제 긍정 심리학 협회(IPPA) 이사.
유럽의 긍정 심리학 일인자이며, 긍정 교육의 세계적인 선구자 한 사람으로서 긍정 교육의 실천과 연구를 실시. SPARK 회복력 트레이닝 개발자로 NHK 『클로즈업 현대』에서도 다뤄졌다. 저서로는 『긍정 심리학을 한 권으로 이해하는 책』 (국서 간행회, 2015) 등이 있다.

ILLUSTBAN KODOMONOTAMENO POSITIVE SHINRIGAKU JIBUNRASHISAWO MITSUKE YARUKIWO HIKIDASU 51NO WORK
by Hiromi Adachi, Chieko Kibe, Miki Suzuki, Makoto Yururi
Supervised by Japan Positive Education Association
Copyright ⓒ Hiromi Adachi, Chieko Kibe, Miki Suzuki, Makoto Yururi, 2017
All rights reserved.
Original Japanese edition published by GODO-SHUPPAN Co., Ltd.
Korean translation copyright ⓒ 2020 by LUDENS MEDIA Publishing Co., Ltd.
This Korean edition published by arrangement with GODO-SHUPPAN Co., Ltd.,
Tokyo, through HonnoKizuna, Inc., Tokyo, and Shinwon Agency Co.

이 책의 한국어판 저작권은 Shinwon Agency 를 통해
GODO-SHUPPAN Co., Ltd. 와 독점 계약한 루덴스미디어㈜에 있습니다.
저작권법에 의하여 한국 내에서 보호를 받는 저작물이므로 무단 전재 및 복제를 금합니다.

● 역자 안수지
어릴 적부터 일본 문화에 관심이 많아 중학생 때 일본어 공부를 시작했다. 동국대학교에서 부전공으로 일어일문학을 이수하였고, 저작권 에이전시와 출판사를 거쳐 현재 프리랜서 번역가로 활동하고 있다.
번역서로는 『농담곰의 여유만만 간단 영어회화』(소미미디어), 『자존감 높이기』, 『마음 다루기』, 『발표력 키우기』(루덴스미디어)가 있다.

● 장정   모리야 요시아키+무츠키샤
● 일러스트 미야하라 아키코

루덴스미디어

똑똑하게 레벨 업 시리즈 ❼
긍정으로 사고하기

저자 아다치 히로미·기베 치에코·스즈키 미키·유루리 마코토
감수 일반 사단 법인 일본 포지티브 교육 협회
역자 안수지
찍은날 2020년 12월 4일 초판 1쇄
펴낸날 2024년 6월 25일 초판 4쇄
펴낸이 홍재철
편집 이호경
디자인 중앙아트그래픽스
마케팅 황기철·안소영
펴낸곳 루덴스미디어(주)
주소 경기도 고양시 일산동구 무궁화로 43-55, 604호(장항동, 성우사카르타워)
홈페이지 http://www.ludensmedia.co.kr
전화 031)912-4292 | 팩스 031)912-4294
등록 번호 제 396-3210000251002008000001호
등록 일자 2008년 1월 2일

ISBN 979-11-88406-74-6 74180
ISBN 979-11-88406-33-3 (세트)

결함이 있는 책은 구입하신 곳에서 바꾸어 드립니다.
값은 뒤표지에 있습니다.

이 도서의 국립중앙도서관 출판시도서목록(CIP)은 e-CIP홈페이지
(http://www.nl.go.kr/ecip)에서 이용하실 수 있습니다. (CIP제어번호 : 2020043354)